ホークス3軍はなぜ成功したのか？

才能を見抜き、開花させる育成力

喜瀬雅則

光文社新書

目次

序　章　「俺を使え」

偉大なる「サーバント・リーダー」

事を興す。

新たなミッションに挑む。

その思いは共有している。なのに、プロジェクトがスタートした途端、当初の意気込みとは裏腹に、あちらこちらの部門で機能不全に陥り、次第にその動きが止まっていく。

ビジネスの世界で、日常茶飯事の〝あるある〟だろう。

総論賛成、各論反対。

Not In My Back Yard　略してＮＩＭＢＹ（ニンビー）という。

訳せば「私の裏庭では困ります」

具体論のところで、自分の部署に絡んできたり、責任が及んできたりするとなると、できる限り、厄介なことは避けたいという心理が働き出す。しかも、初めてのこととなれば、その先の予測も、なかなか立ちづらいものがある。

人が足りない。カネはどうする？　あれはどうなってる？　これはどうするんだ？　重箱の隅をつつくというのか。これらの〝消極的賛成〟の状況の中で、メンバーたちが互いにけん制し合うかのようになってくる。

時期尚早。さらに検討、調査を続けるように。

その提言を、計画のストップとイコールと受け取るのも、ビジネス界の常でもある。

そうした組織の停滞、硬直した状態を打破する「頼みの綱」は、どこにいるのか――。

米国の通信会社、ＡＴ＆Ｔマネジメント研究センターでセンター長を務めたロバート・Ｋ・グリーンリーフ氏が提唱した、世界的に有名な理論がある。

「サーバント・リーダーシップ」

そのコンセプトの肝は、実行部隊の中堅・若手のリーダーたちに対し、リーダーたる人間は、尽くす（サーバントする）ことにあるという。

組織の末端まで、携わる人間の全員が１００％、納得できるようなプロジェクトなど、あろうはずもない。

どこかに、ちょっとしたひずみや軋《きし》みが出てくる。

そうした異論を、どうやってクリアしていくのか。

つべこべ言わずに、やりゃいいんだ。

そのように、上司から部下へ「やれ」と命令を下ろすだけでは、絶対に人は動かない。

トップダウンの、ワンマン型のマネジメントは、いまや「パワー・ハラスメント」の引き金にもなりかねない。21世紀のビジネス界で、そのスタイルは容認されることはない。

その「支配型リーダー」の対極にいるのが「サーバント・リーダー」だ。

イニシアティブを取る若手、中堅のリーダー格を「支援」する。

つまり「やってみなさい」と、物心両面でバックアップをしながら、全体の足並みを巧みにそろえ、最終的に大きなゴールへと導いていくスタイルだ。

大同小異。その〝小さな異論〟を乗り越え、部署間の対立を緩和していく。

この人に任せておけば、悪いようにはならない。

この人がそう言うのだから、きっと間違いない。

その「信頼」を寄せられるだけの存在が、いるのか、いないのか。

福岡ソフトバンクには、王貞治という、偉大なる「サーバント・リーダー」がいた。

「3軍育ち」

２０１９年（令和元年）

３年連続日本一を達成したソフトバンクの厚い戦力層に、他球団は完全に圧倒された。主砲の柳田悠岐をはじめ、故障者が続出したレギュラーシーズンこそ２位に終わったが、ポストシーズンでの戦いぶりには、目を見張るものがあった。

クライマックスシリーズでは、２戦先勝のファーストステージでリーグ３位の東北楽天を相手に、初戦黒星を喫しながら２連勝で突破。さらに、リーグ連覇を果たした埼玉西武とのファイナルステージは、無傷の４連勝で突破した。

日本シリーズでも、セ・リーグの覇者・巨人に無傷の４連勝。ポストシーズン10連勝という快進撃で、３年連続での日本一を達成した。

先発投手を、責任回数といわれる「5回」よりも前で降板させ、「第2先発」と称するロングリリーフの投手を惜しげもなくつぎ込み、相手打線の反撃を封じ込める。

レギュラーシーズンの１４３試合、すべてに出場した松田宣浩が不調に陥っていると判断すると、監督の工藤公康は、負ければシーズンが終わるというＣＳファーストステージ第２戦で、松田をスタメンから外した。

その前年の２０１８年（平成30年）には通算２０００安打を達成した内川聖一にも、ＣＳファイナルステージ第１戦、１点差を追う8回2死一、三塁の場面で代打が送られ、日本シリーズでは2度、送りバントを命じてもいる。

誰もが認めるレギュラーであり、実績のあるベテランであろうとも、その立場は決して安泰ではない。松田でも、内川でも、その「代わり」はいるというわけだ。

バッティング練習を見つめる王貞治会長

「負ければ終わり」の短期決戦では、相手に勢いをつけさせず、勝負の流れを渡さないように、先を見越し、次々と、あらゆる手を打っていかないといけない。

そこでは、戦力の出し惜しみ、決断の鈍さが勝利を分けてしまう。

短期決戦ゆえに、次から次へと、新たな戦力を繰り出していく。つまり、ポストシーズンの戦いでは、顕著にその「戦力差」が表れてしまうのだ。

球界の盟主と呼ばれ、かつて、昭和の高度経済成長期には、日本シリーズ９連覇を果たした巨人、１９８０年代から90年代、世紀末の20年間にリーグ優勝13回、日本一８回の西武という、伝統と強さを誇る両球団ですら、全く歯が立たなかったのだ。

21世紀の新たなる覇者・ソフトバンク。

その「強さの原動力」として注目されたのは「３軍育ち」

育成選手としてプロ入りした、たたき上げのプレーヤーたちだった。

千賀滉大は、日本シリーズの開幕を担い、その初球に１５９キロの剛速球を投げた。

甲斐拓也は、徹底したインコース攻めのリードで、巨人打線のリズムを狂わせた。

周東佑京が「代走」で登場すると、盗塁への期待でスタンド中が沸いた。

牧原大成は、シリーズ初戦で２安打２得点。１番打者としての重要な役割を果たした。

石川柊太は、シリーズ３戦目に「第２先発」として５回からの２イニングを無失点。

彼らに共通しているのは「育成出身」であることだった。

育成ドラフトで指名され、育成選手としてプロ入りを果たした。

3桁の背番号を背負い、3軍で鍛えられた。その努力の末に支配下選手の座をつかみ、日本一を支える主力選手としての地位を築いた。

底辺から這い上がってきた男たちが、球界の盟主・巨人を打ちのめす。そのカタルシスとサクセスストーリーは、日本人の琴線に響くのだ。

球団会長の王貞治は、育成出身選手の活躍ぶりを「大きな夢」と評した。


育成から出てきた選手には、みんなが拍手喝采ですよ。ファンの皆さんも、ましてや（選手の出身地の）地元の人たちには、彼らが頑張って、ここへ来たことが分かっているからね。

周東でも、足が速いというのは、みんなが知っている。打つ方はまだアレ（弱いの意）だけど、ある部分でずばぬけているわけです。甲斐だって、一芸に秀でていた。強肩、スローイングがあったんですよ。千賀も、お化けフォークでしょ。セールスポイントを持っている人が（1軍に）上がってくるんです。全体、平均で80点の人より、片方は60点でも、一方が90点の方がいいんですよ。

それを、獲ろうと提案するスカウトがいるわけです。一つで95点という選手を獲るというのがスカウトの力であり、決断力なんです。ドラフト1位の選手は、スカウトの力は関係ないよ。あれは、くじ運ですから（笑）。ドラフトされるような選手は、みんなの目に触れている。ウチのスカウトは、選手を見る目の幅が広いんです。知られていないけど、これだけの伸びしろがある選手を見つけられるか。スカウトの腕の見せ所ですよ。

育成で入ってくる人たちが「俺、育成だから」と、そういう思いを持たなくてよくなったんですよ。「支配下に入れなかった」ではなく、上に上がれることを示せた選手がいる。それは、大きなことですよ。千賀なんて、その功労者ですよ。

「育成選手」とは

２０２０年（令和２年）２月１日付で球団から発表された「２０２０年ホークスメンバー表」によると、ソフトバンクには投手９、捕手３、内野手６、外野手６の計24人の「育成選手」が所属している。

ただその立場は、プロ野球球団の一員でありながら、実に曖昧な位置づけでもある。

「日本プロフェッショナル野球協約」には「日本プロ野球育成選手に関する規約」が定めら

れているが、その第1条では「70名の年度連盟選手権試合に出場できる支配下選手の枠外の選手として、同選手権試合出場の可能な支配下選手登録をめざして、球団に所属して指導を受け野球技術等の一層の鍛錬向上を受ける選手」（一部抜粋）と記されている。

つまり、その規約で記されているように、事実上の〝半人前扱い〟ともいえるものだ。

そのルールを、列挙してみよう。

１軍の公式試合には、育成選手は出られない。

２軍の公式試合にも、育成選手は１球団１試合５人以内に限定。

育成選手として３シーズン在籍する間に、当該球団から支配下選手として契約されなかった場合には、自動的に自由契約になる。

最低参加報酬は年額２４０万円（※１軍最低年俸保証額は１６００万円）

契約する際の支度金の標準額は３００万円（※ドラフト指名の契約金上限は１億円）

一般社団法人日本野球機構の定める年金規定の対象者には該当しない。

日本プロ野球選手会には所属できない。

支配下選手と育成選手では、条件も、待遇も、何もかも違うのだ。

２００５年（平成17年）に、プロ野球界が、改革の一手を打った。育成選手選択会議を、初めて開催したのだ。

スポーツの多様化、少子高齢化という社会状況も相まって、野球のプレーヤー人口の減少と、ファンの野球離れが危惧され始めていた頃だった。

その要因の一つとして挙げられたのが、プロ野球界に多くの逸材を供給する「人材プール」の役割を果たしていた社会人野球の衰退傾向だった。

日本経済の衰退。それに伴って「企業スポーツ」を抱える体力がなくなってきたのだ。

企業チームとして日本野球機構に登録されていたチーム数は、高度経済成長期には２００以上を数えながら、いまや１００を切ってしまい、ピーク時の３分の１程度だ。

プロに行けなくても、社会人のトップチームに行ければ、引退後も大企業で働くことができる。さらに、五輪にはアマ選手だけが出場していた時代には、その「安定」も相まっての魅力となり、プロ入りを拒否して、社会人に進む選手すらいたほどだった。

この「アマ球界のトップ」が、先細りし始めている。

トップの容積が小さくなれば、必然的に、アマ球界というピラミッドの裾野も縮小傾向に入ってしまう。つまり、野球を続けたくても、続けるための「場」が乏しくなっていく。プロへ至る「道の細さ」は、プロ野球の魅力を失わせ、それがひいては、野球人口の減少にもつながっていく。

そうした悪循環を、何とかして食い止めなければならない。

球界全体で共有した危機感から「育成選手制度」が設けられたのだ。

70人枠の支配下選手に入れない選手にも、チャンスを与える。人件費を抑制すれば、各球団の負担が、それほど大きくない形で、育成枠を創ることができる。

それが、野球界の「育成の裾野」を広げることになる。

それでも、発足当時は心ない評判やウワサが飛び交った。

「そんな中途半端な選手を獲っても、しょうがない」

無名の公立高校であろうが、離島であろうが、ちょっとでも評判になったような選手だったら、プロのスカウト陣は漏れなくチェックしている。

市井の野球好き、マニアレベルの人たちが、高校野球を見に行って、逸材の動画を録画して、その場でツイッターやインスタグラムで発信できる時代だ。

耳寄りな情報は、瞬時に伝わる。スカウトが知らない選手を見つける方が難しいのだ。

いまや「隠し玉」は死語に近い。私も、記者としてよくこの言葉を使ったが、スカウト陣から「隠し玉、って書いた時点で、隠していないじゃない？」と笑われたものだ。

ドラフトで指名する選手は、精査を重ね、厳選に厳選を重ねた末での球団の決断だ。

育成は、その〝本指名以外の選手〟なのだ。

獲った選手は、選手１人あたり、食費など育成にかかるコストとして、年１０００万はかかるといわれている。ドラフト本指名の選手でも、育成選手でも、入団すれば「一選手」として同じだけのコストがかかる。

単純計算で、育成３年間で３０００万円。10人なら３億円。

育成選手を増やせば、コーチもスタッフも増やす必要が出てくる。

いくら年俸を抑えたところで、育成のコストは現状よりも大きくなる。その投資のリターン、つまり、選手はモノになるのか。

親会社から経営を任されたフロントが、そのコストを是とするだけの理由は、なかなか見当たらないのが現実だ。

ソフトバンクは、そのコストセンターというべき「育成」に投資してきたのだ。

王がいたから実現、発展した

支配下選手枠の上限は70人。２０２０年（令和２年）２月１日現在、ソフトバンクの支配下選手は66人。うち、１軍出場選手枠は29人と定められている。

単純計算でも、２軍選手は37人いることになる。

ここに、育成選手が上乗せされる。ソフトバンクなら、24人を足して61人だ。

ちなみに、２０１９年シーズンで、支配下選手と育成選手を足して、最小の71人だったのが、北海道日本ハムと東京ヤクルトの２球団だ。

大雑把にまとめてしまえば、ソフトバンクの１軍以外の選手数は、日本ハムとヤクルトの１球団分というわけだ。

１球団で、１軍と２軍。ソフトバンクは、１軍と「他球団分」

単純に計算しても、３軍の必要性が見えてくるともいえる。

若き選手たちの「持てる素質」を開花させるために、激しく競り合わせる。そうすることで、プロ意識が芽生える。そのための「場」を作らなければいけない。

だから「３軍」を創る――。

それが、王の描いた、育成の「グランドデザイン」でもあった。

その一大テーマを受けて、部下たちが動き出す。

新組織を立ち上げる。

既存の他部署や本社との折衝も繰り返し、必要な資金を調達し、人事面も整えていく。

こうした「実働」の部分は、部下たちが担う。

煎じ詰めていえば「カネは出すけど、口は出さない」というやり方だ。

古今東西、それがリーダー像の理想と言われている。

王は、3軍制を発足させるための、まさしく「後ろ盾」となるべき存在だったのだ。

　彼らがやりやすいようにするのが、僕の仕事ですよ。工藤（公康）監督、スカウト。彼らがやりやすいようにするために、僕はいる。バックアップだね。

　例えば、スカウトが選手のところへ行ったときに、そこ（ソフトバンク）に「王がいるよ」と言える。それがあるのと、ないのとでは、違うだろ？　やりやすいようにね。

どんと、構えた存在——。

その表現に、３軍制を立ち上げた当時の編成育成部長・小林至も、育成の一大拠点「ＨＡＷＫＳベースボールパーク筑後」の場所の選定から完成まで導いた責任者で、３年連続日本一を担ったゼネラルマネジャー・三笠杉彦も、３軍制発足に際して、千賀滉大や甲斐拓也といった、当初は指名リスト外だった無名の選手を発掘した当時のスカウト部長・小川一夫も、誰もが私の示した〝想定図〟に、うなずいてくれた。

王がいたから、３軍制が実現した。

王がいたから、３軍制が発展した。

しかし、王は決して「俺が考えたんだ」「俺が作ったんだ」とは言わない。

それが「サーバント・リーダーシップ」の極意でもある。

今、名前が出た人が動いてくれて、どんどん発展していった。そういうことが必要だったんだよ。ドラフト制には限度がある。ドラフト7位とか8位で獲るより、育成という形で獲る方が、より本格的に、徹底して鍛えられる。本人も這い上がろう、早く支配下にという気持ちが、早く出る。選手もその気になる。球団も思い切って指導しやすい。徹底指導ができるんですよ。這い上がりたい。鍛えたい。両方の利害が、一致するんですね。

２軍でも、プロだという意識が出る。でも、支配下じゃないと、プロ意識というのはそこまで自然に出てこない。まず、追いつけ、追い越せ。練習することでしか上がれない。それは、指導する方にはやりやすいんです。２軍にいる選手より前向きというのかな。育成出身から支配下。はっきり言ったら、アメリカンドリーム的だよね。育成からベストナインに選ばれるなんて、千賀とか甲斐とかそうでしょ。牧原もレギュラーでしょ。

我々は、そういうことをやって、大変よかったと思う。そういう考えが、球団や野球界全体に、広げられたからね。


「選手は、安住させちゃダメ」


努力の人。

それが、王の代名詞だ。投球のタイミングに合わせて、右足を高く上げる「一本足打法」という、前例のないバッティングフォームで、世界記録の８６８本の本塁打を放った。

唯一無二のオリジナリティにあふれた、自らの〝揺るぎない型〟を築き上げるため、王はひたすらにバットを振り続けた。

モノクロの写真で、王が「一本足打法」から日本刀を振り下ろし、天井から吊るした紙の短冊を真っ二つにしているシーンがある。

王の積み重ねた努力が、半端ではないことを物語っている。

自宅には、素振り用の部屋を設置し、その畳がすり減るまで振り続けたという。遠征先の宿舎で、他の選手たちが外出しているのに、王はひたすら素振りを繰り返していた。

猛練習で、頂点の座に駆け上がった。

そうした「伝説」の持ち主だからこそ、その言葉には重みがある。

栄光への道のりは、楽ではないことを知っているからだ。

　選手は、安住させちゃダメなんですよ。常に競い合わせる。危機感を感じない選手じゃ、ダメなんです。タイトルを取った選手でも、危機感がある。今年も、これくらいやれるのだろうか。上に行くほど、自然に危機感が生まれる。ファームの中間あたりで、そこそこの生活もできて、世間の人に「どこそこのプロ野球選手だ」という扱いも受ける。でも、何年かしたら、契約解除されちゃうんだ。

　じっとしてたら、ダメなんだ。危機感を、常に持たせる。素質があるから、プロの世界に入ってきているんだから、それを磨かせないと。監督やコーチは、示唆はしますよ。でも磨くのは、本人なんだよ。

本人を、その気にさせる。それが育成の制度で、一番優れた部分ですよ。ウチは、弱いところから這い上がってきたんだ。もっと鍛える場が必要だと。野球界っていうのは、すごく競争が激しい世界だからね。

１９９５年（平成７年）

王が、福岡ダイエーホークスの監督に就任した。

ホークスは、とにかく弱かった。王の監督就任直前の１９９４年（平成６年）まで、17年連続Ｂクラス。王の就任後も、３年連続Ｂクラスのままだった。

20年連続Ｂクラス。うち、最下位も８度。それこそ「負け犬根性」が染みついていた。

チームを変える。体質を変えなければ、強くなれない。

そのために、ダイエーの総帥・中内㓛が招聘したのが、根本陸夫だった。

西武の黄金期を築き上げたその手腕は「球界の寝業師」と呼ばれていた。野球界のみならず、日本中に張り巡らしたネットワークで逸材たちを発掘し、そのコネクションで、数々のあっと言わせるトレードも仕掛けてきた。

その根本が、監督として王を招き入れた。

昭和のプロ野球は、王貞治と長嶋茂雄の「ON」が牽引してきた。その「二大スーパースター」の一人である王を、パ・リーグの、しかも弱小球団に引っ張ってくる。

「長男は家を継げるが、次男は継げない。巨人の長男は長嶋、ワンちゃんは次男だ」

根本の口説き文句に、王は長い逡巡の末にうなずいた。

東の長嶋、西の王。

長嶋巨人と王ダイエーの「ON決戦」を実現させる。その話題性ももちろんだが、巨人に勝つ、球界の盟主に対抗するという大目的を根本は掲げ、それを公言し続けた。

そのために、チームを強化する。

目的があって、そのための手段を一つ一つ、クリアしていく。

根本の組織論は、実に明確だった。

王が率いたダイエーは、初優勝まで5年かかった。

初の「ON決戦」は、王の就任6年目となる2000年（平成12年）のことだった。しかし、巨人に敗れた。まだ、巨人には勝てない。

常勝軍団を創る。

負けず嫌いの王にとって、巨人は最大の目標であり、古巣を倒すことが夢でもあった。
そのためには、もっと、選手をたくましく育てなければならない。

王が、現役引退直後に執筆した自叙伝『回想　〝助選手〟の実戦的人生考』（勁文社・１９８２年）の中に「自覚」という章がある。

少々長くなるが、王が強調する「危機感」の源泉ともいうべき、その経験を述べた部分を抜粋してみたい。

> プロ入り一年が過ぎて、十一月四日の日だったと思う。打率一割六分一厘、ホームラン七本というひどい成績だったが、それほどのショックはなかった。というのも、少しぐらい成績が悪くても、他に一塁を守る人がいない。レギュラーの座が安泰ならば、楽しいオフ生活を味わおうではないかと、暢気に構えていた。そんなある朝のことである。二日酔いの寝呆け眼でスポーツ紙をひろげてみたら『早大のスラッガー・木次、巨人入り』という大きな活字が、いきなり目に飛び込んできたのだ。私はいっぺんに目が醒めてしまった。六大学きっての強打者木次（文夫）さんが巨人軍に入ってくるなどとは、その日まで私は一度も考えたことがなかったからだ。

これは大変なことになるッ！　私は新聞を放りだして立ち上がってしまった。もし木次さんにファーストを取られるようなことにでもなったら、私はベンチの控えの選手になってしまう。そんなことになったら大変だ。巨人軍では私の方が一年先輩だとはいえ、向こうには大学四年のキャリアがある。これは正直言って脅威だった。いい気になって酒など飲んでいられないぞ！　と私は思った。

（２３２ページより）

王がいた当時の巨人軍。それは、イコール、無敵のチームだった。

１９６５年（昭和40年）から9年連続日本一。それでも、有望新人を獲り続けた。

絶対的なレギュラーがいるのに、それでも獲る。

巨人軍は、レギュラー選手に常にライバルをぶつけ、反発心を生み、危機感をあおることで、競争を激化させてきた。

それが、選手の心と体をさらにたくましくさせ、プロ意識の向上にもつながっていく。

そうした〃ウエットな部分〃を、ことさら敬遠する風潮が、今の時代にあるのは決して否定しない。しかし、高い素質を持ったきら星たちが毎年のように入ってくる弱肉強食のプロの世界で、何が最後に、その「差」をつけるのか。

選手に直接声をかける王会長

それは、執念だったり、必死さだったりするのではないだろうか。最後の最後に、踏ん張れるのか。負けてたまるかと、その思いを行動に変えられるのか。

選手たちが、そう思う「環境」を創る。

「やれ」と言うのではない。

やらなきゃ、負ける。そう思わせる状況を創り出す。

世界の本塁打王、レジェンドと呼ばれる男が、若き日に抱いた〝恐怖感〟こそが、育成を強化する、つまり「3軍制」の構想を抱いた、その原点でもあるのだ。

我々の世界は、競い合わないとダメなんですよ。

何が怖いかと言えば、監督じゃコーチじゃないんですよ。ライバルが怖いんです。危機感を常に持たないといけない。下から突き上げられる危機感。今年よかったから、また来年も楽に行けるということは、絶対ない。競わせることなんです。

　ソフトバンクに先んじて、３軍制の役割ともいえる「第２の２軍」を展開しようとしていた巨人は、その推進者でもあった球団代表の清武英利が、当時の球団オーナー・渡邉恒雄との対立から、公に異を唱えることになる「清武の乱」が引き金となり、２０１１年（平成23年）オフに退団。すると、途端に「第２の２軍」のプロジェクトがストップした。

　２０１１年にはソフトバンクよりも６人多い23人の育成選手を抱えていた巨人は、その２年後、一気に13人にまで減らしてしまう。

　まさしく前任者否定。これもビジネス界、そして野球界での「常」でもある。ただ巨人も、２０１６年（平成28年）から再び、３軍制を採用している。

　令和という新時代の幕開け。その日本シリーズを戦ったのは、３軍制で若手選手を鍛え上げるソフトバンクと巨人。２０００年（平成12年）に王ダイエーと長嶋巨人との間で繰り広げられた「ＯＮ決戦」以来、19年ぶりの日本シリーズでの対決だ。

　王は球団会長、長嶋は終身名誉監督。立場こそ変わったが、２度目の「ＯＮ決戦」王は、その２球団での戦いは「育成」という観点から、大きな意味があると捉えている。

支配下の下に、育成を作ってやっている。その2チームが、日本シリーズに出てきているんだ。やっていないチームからしたら「自分たちもそれをやらないといけない」と思うのか、これが「たまたま」だと考えるのか。どう捉えるかなんですよ。

制度がある以上、使わないとね。お金もかかりますよ。施設も造らないといけない。でもチームというのは、リーグ優勝、そして日本一になるのが目標ですよ。だったら、使える制度をいかに有効に使うかでしょう。選手の意識は、明らかに変わるからね。

勝つために、いい選手を発掘し、育てる。

そのためのシステムと、鍛える場を作る。それが「3軍制」の最大の狙いでもある。

王と、その思いを共有したのが、小林至という存在だった。

868本の本塁打を放った王と、わずか2年のプロ生活で一度も1軍のマウンドに立てなかった小林。プロでの実績は、天と地ほどの差がある。しかし、改革への思いは同じだった。

育成部門を、強化しなければならない――。

現役時代の王は、あれだけの本塁打を放ちながらも、毎年のように、新たな競争相手をぶつけられた。小林は、実力不足もあったとはいえ、２軍ですら登板機会をもらえなかったという不完全燃焼の思いを、ずっと抱き続けてきた。

２人の「育成部門の拡充」という思いへの「源」は、明らかに違う。しかし、プロ野球選手だったからこその「経験」が、その「礎《いしずえ》」にある。

「プロ野球選手だったんだから、君がやりなさい」

小林は、王にそう励まされたことを、今も忘れていない。

「編成」と「育成」の機能を一緒にした「編成育成部」という新部署の立ち上げに伴い、小林がその責任者になった。

「俺をうまく使えばいいんだよ」

王が「和」の人なら、小林は「戦」の人ともいえるだろう。

誰もが、尊敬の念を持って、王に接する。

小林は、他との衝突をいとわない。理論も、行動力も、説得力も高い。

その分、敵も多い。しかし、何かを始めるときに、その〝突破役〟は不可欠だ。

少々の摩擦を、王は咎《とが》めたりしない。

あらゆる横やりが入ったときにも、王は小林にこう言って笑ったという。
「心配するな。骨は拾ってやるから」

王のダイエー監督就任に際し、根本陸夫の命を受け、その交渉役を務めたのが、ダイエーで球団代表を務め、後に千葉ロッテでは球団社長、オリックスでも球団本部長と、各球団で要職を歴任した瀬戸山隆三だった。

瀬戸山は、球団における「王の存在」の重要性を、誰よりも知り尽くしている。

「オーソライズした人が、誰か一人でもいれば、周りはごちゃごちゃと、忖度なんかすることがないですからね」

根本のもとで、プロ野球ビジネスを学んだときにも、同じ図式で事は動いたという。

「ダイエーでも、困ったときには『根本さんの了解を得ています』という。そういうのはあるよね。そうすると、カネを出す側だって『根本が言ってるなら出すわ』ということになるわけですよ。『王さんが』となれば、孫（正義オーナー）さんにしても、そうでしょう。

どの組織でも新しいことを始めるとき、何が成功に導くといえば、それは人事ですよ。根本さんにしても、王さんにしても、それなりの守備範囲と見識を持って、前向きに野球界のことを常に考えられている。そういう人がいないと、できないですよね。リスクを回避、そういうことだけをして、いい球団作りはできないでしょうから」

王は、己の「役割」と「位置づけ」を熟知していた。

だからこそ、王は小林に何度となく、こう告げたという。

「俺をうまく使えばいいんだよ」――。

王は、多忙を極めていた。

来たるべき東京五輪へ向け、野球界の、いや、日本のスポーツ界を代表する「レジェンド」として、王の知見や経験は、あらゆる局面で必要とされていた。

２０２０年（令和２年）１月７日。

新たなるシーズンの幕開けとなる、ソフトバンクの球団事務所開き。

ソフトバンクの本拠地・ヤフオクドーム（当時）内のメーンエントランスに、球団関係者や地元マスコミの関係者が、ずらりと顔をそろえた。

鏡割りを行う球団幹部の中心に、王が立っていた。

その「仕事始め」の当日も、王のスケジュールは、それこそ分刻みだった。

「老骨にむち打って、頑張っていますよ」

そう笑いながら、会長室横の応接室で、私のインタビューに答えてくれた。

「本になるんだって？　いい本になるように頑張って」

王の監督番になったのは、日本シリーズで初の「ON決戦」となった２０００年（平成12年）のことだった。それでも、王と一対一で向かい合う取材は、番記者生活の中でも、数えるほどしかない。

貴重な20分間。その前後にも、他社の取材がびっちりと詰め込まれていた。

ましてや「3軍制」という、ピンポイントでのテーマアップだ。この機会を逃せば、王に改めて、育成に関して、腰を据えて聞くチャンスなど、なかなか作れないだろう。

緊張感の隠せないインタビュアーに激励の言葉をかけてくれた上で、こちらが必死にメモを取る手の動きを見ながら、言葉を止めたり、間を置いたりしてくれた。

王の気遣いに感謝しながら、準備した質問を、必死にぶつけさせてもらった。


今、高校野球、大学野球、ノンプロ（社会人のこと）をやっている人に、夢を与えると思うよ。チャレンジしようと。今、アマ野球、社会人が狭まっている。独立リーグが成り立っているのも、そうなんだろうけど、第一線の若い選手が、夢を持って、いずれはプロ野球に行ってやろうと思っている。育成があるから「道」がある。そこだけで全然違う。

育成が、やっと定着してきたよね。選手の意識も変えた。下から、追い抜く人が出てくるわけですよ。今まで、上を見て諦めていた人だっていただろうけど、ここでうろうろしているわけにはいかないと思うようになる。その相乗効果が出てきていますよ。


チームの強化はもちろんだ。しかし、それだけではない。

王は常に、球界全体の発展を願っている。

だからこそ、ソフトバンクが、そのフロントランナーになる——。

王の描いた「3軍制」という「大きな絵」が形になる軌跡を、これから追っていきたい。

第1章　3軍を創る

「3軍制」の原点

東京・秋葉原から「つくばエクスプレス」の区間快速で27分。

「流山おおたかの森」で降り、駅前から出ているスクールバスでおよそ5分。

江戸川大学は、千葉県流山市の閑静な住宅街の中に位置している。

１９９０年（平成2年）４月に開学した総合大学には2学部・6学科がある。

小林至は、２００６年（平成18年）から、社会学部経営学科の教授に就任している。

話を先に進める前に触れておくと、２００５年（平成17年）から小林はソフトバンクの球団取締役に就任し、球団に10年間在籍することになるのだが「ありがたいことに、大学には、ずっと籍を残したままでした」という。

「3軍制」の基礎を作った一人、小林至・江戸川大学教授

東大出身者では史上3人目となるプロ野球選手だった小林だが、その現役生活は練習生時代を含め、わずか3年間に過ぎなかった。

この〝不遇の思い〟を昇華させたともいえる小林の構想が「3軍制」の原点でもある。

小林は、現役引退の翌年にあたる1994年（平成6年）に渡米した。

1996年（平成8年）にコロンビア大経営大学院修了、MBA（経営学修士号）を取得している。フロリダのテレビ局に入社し、スタッフとして働いた経験もある。

米国生活は7年間。その帰国後は、江戸川大学で教鞭を執る傍ら、スポーツライターとしても、活躍の場を広げていた。

著書の中に、小林自身が、将来の自分を予言しているページを見つけた。

『プロ野球ビジネスのしくみ』（宝島社新書・2002年）では、福岡ダイエーホークスオーナー代行（当時）の高塚猛や、オリックス・ブルーウェーブ球団社長（当時）の岡添裕に、小林自らがインタビューしている。

元プロ野球選手ならではの視点、米国で最先端のスポーツビジネスを学び、スポーツマスコミで働いた経験から気づく日本のプロ野球ビジネスへの「謎」と「疑問」を、舌鋒鋭く切り込んでいる。

その岡添とのやり取りの中から〝実現した予言〟を、ここに抜粋してみる。

岡添「それより、小林さんは将来何をやりたいんですか？　プロ野球経営に携わってみる気はありませんか？」

小林「それは大いにありますね」

岡添「オリックスはどうですか（笑）？　実際ウチに来て勉強してみればいいと思いますよ。僕はあなたみたいなスポーツビジネスを真剣に考えている人を求めているんです。僕は球団を見るというより、会社全体を見る立場にあります。そして、将来の幹部を育てる義務もあります。しかし、残念ながら今のプロ野球ＯＢにはあなたのような人はなかなかいない。本当にどうですか？　やってみませんか？」

（１６７ページより）

プレーヤーとしての経験。アカデミックな観点。スポーツマスコミの視点。

この稀有なキャリアに着目したのが、ソフトバンクのオーナー・孫正義だった。

孫は小林の著書『合併、売却、新規参入。たかが…されどプロ野球！』（宝島社・２００４年）を読み、ダイエーから球団を買収し、球界へ参入することになった２００５年（平成17年）、小林を取締役として球団に招聘したのだ。

その5年後の２０１０年（平成22年）に、小林はチーム編成、選手の育成、新人選手の獲得など、チーム作りに関わるすべての総指揮を執る「編成育成部長」に就任した。

翌２０１１年から、育成に特化した「3軍制」がスタートすることになる。

当時、その一大プロジェクトの狙いや、今後の育成方針について、小林に一対一でインタビューする機会を、２度設けてもらったことがあった。

だから、今回の取材は、まるで当時の復習作業のようだった。

当初、取材時間としてお願いしていたのは30分。しかし、小林の熱い口調に引き込まれるうちに、こちらもすっかり時が経つのを忘れてしまっていた。

時折脱線し、当時の思い出話が出てくると、互いにうなずき合った。質問を重ね、その細部を確認しているうちに、メモを取るノートのページが、どんどんと重なっていった。

いつの間にか、３時間近くは続いていたようだ。

昼下がりに訪問した小林の研究室の窓の外は、すっかり真っ暗になってしまっていた。

「土台を作ったという自負はあります」

小林至がいなければ「３軍制」は、構想の段階で「幻」に終わっていただろう。

球界再編とダイエーの行き詰まり

２００５年（平成17年）

戦前の昭和時代から脈々と続くプロ野球の歴史において、この年は「再出発」とも位置づけられる、一大転換期だったともいえる。

大阪近鉄バファローズとオリックスの球団合併構想を足掛かりに、12球団から10球団への「球界再編構想」が持ち上がったのは、その前年、２００４年（平成16年）のことだった。

オーナー側は近鉄とオリックス、さらにもう１組の球団合併、それに伴う「１リーグ・10球団制」への球界再編計画を推し進めようとした。

巨人以外の11球団は、すべて赤字。

それが、当時のプロ野球界の「定説」でもあった。

12球団から10球団への再編は、市場規模に応じての経営戦略であり、そうすることで各球団の赤字幅が縮小し、さらには黒字化への道が開け、適正な球団経営が可能になる。

オーナー側は、その「経営戦略上の理由」を主張し続けた。

しかし、12球団制の存続で一致団結した選手会の反対姿勢も強硬だった。

球団合併は、経営上の判断と解釈され、労働界においては、こうした経営事項を議論のテーブルに載せることは、団体交渉ではなじまないものとされている。ただ、再編問題が長期化するにつれて、経営者サイドが貫こうとする「理」が、かえってその冷徹さを強調してしまうという、何とも皮肉な流れを生んでいったのも、また確かだった。

オーナー対選手。その対立構図は、経営者対労働者、会社対組合という、ビジネス界にも投影しやすい事象である。さらに強者＝オーナー、弱者＝選手という勧善懲悪のドラマのごとく、話が展開していくことで、徐々に「選手側」を後押しする世間の風も強くなっていく。

シーズン中にも断続的に労使交渉が繰り返されたが、妥協点が見出せずに決裂。選手会側は、9月18、19の両日にストライキを強行した。

シーズン中に初めて、選手たちが、自分たちの意思で、試合をボイコットしたのだ。

こうした未曽有の混迷が続く中、ダイエーグループの経営が完全に行き詰まっていた。

昭和の高度経済成長期に、ダイエーは驚異的な急成長を果たした。

客との一対一の対面販売だった小売りの形態が、大量生産、大量消費へと時代が移り変わっていく中で、大型店舗で客が自由に商品を選び、まとめて支払いを行う、アメリカ型の「スーパーマーケット」の業態が、時流にマッチしたのだ。

それは「流通革命」と呼ばれ、ダイエーはそのフロントランナーとなった。

出店した土地を担保にして調達した新たな資金を元に、次の新規出店を展開していくことで、一気に全国へとその勢力を伸ばしていった。

それは、日本経済が右肩上がりで成長を続けることを信じていた昭和の「土地神話」、つまり、地価が下がらないという前提での「拡大戦略」だった。

日経平均株価が、いまだに破られない終値の最高水準、３万８９１５円87銭を記録したのは、１９８９年（平成元年）12月29日の大納会のこと。しかし、その平均株価が２万円を割ったのは、そのわずか２年３か月後の１９９２年（平成４年）３月。バブル経済が崩壊することで地価の大幅下落が起こると、それがダイエーの持つ資産価値の急落へとつながった。

まさしく、負のスパイラルに入り込んだ。

そこに、１９９５年（平成７年）の阪神・淡路大震災が、グループの苦境にさらに拍車をかける。当時の基幹店があった神戸・三宮が壊滅的な被害を受けたのだ。

経営難に陥ったダイエーは、グループ企業の解体、売却を余儀なくされることになる。

女子バレーボール部と陸上部は、グループの経営悪化に伴い、１９９８年（平成10年）に、そろって休部が発表されていた。

こうした泥沼での経営の中で、そもそもが「赤字体質」といわれたプロ野球球団の存在がクローズアップされるのは、まさしく、必然の流れだった。

too big to fail

ダイエーは「大き過ぎて潰せない」と言われた。

２００１年（平成13年）には、グループ全体の有利子負債は２兆円を超えた。

これだけの経営規模を誇る大企業が仮に経営破綻すれば、日本経済全体に与える影響はあまりにも大き過ぎる。

そこで当時、ダイエー再建のために作られたとまで言われたのが「産業再生機構」だった。

同機構は、５年間の時限的な組織として２００３年（平成15年）に発足した。

経営不振に陥った企業の貸付債権を同機構が銀行から買い取り、公的な管理下に置く形で企業の再建を支援するために、国も出資し、官民共同で作られた株式会社だ。

ダイエー本社は、産業再生機構を使わない、自力での再建を模索し続けていた。

しかし、政府の方針は、問題の先送りを認めず、あくまで産業再生機構の活用による経営再建にあたるべきというものだった。

こうなると、ダイエー再建は「国策」ともいえるマターだ。

その「核心の情報」を、政府筋からいち早く手にしていたオーナー側は、こうした経済の動きと連動させたシナリオを描いていたとされている。

まず、ダイエーが〝機構入り〟をする前にグループから球団を切り離し、球界としてダイエー球団を救済する。そして、オリックスと近鉄に続き、ダイエーともう1球団との合併球団を作ることで「10球団・１リーグ制」への再編を行うというものだ。

つまり、ダイエー球団の救済と、リーグ再編の一石二鳥を図ったわけだ。

ダイエーとの合併構想で、最有力候補と目されたのはロッテだった。

ロッテグループの経済拠点でもある韓国と地理的にも近く、人的にも経済的にも交流が深い福岡を本拠にするダイエーとの合併には、グループの経営面としても、大きなメリットがあるとみられていた。

実現へ向け、懸命に調整が図られた「ダイエーとロッテ」の球団合併だったが、親会社のビジネスが複雑に絡んでくると、野球界だけの事情だけでは簡単に事が進まない。ダイエーが「産業再生機構」による経営再建を渋り、球団の切り離しの動きが遅れたことも響いた。

大山鳴動して……の結末は「2リーグ・12球団制の存続」だった。

オリックスと近鉄の球団合併は当初のプラン通りに進められた中、近鉄不在の「穴」には宮城・仙台市を本拠地とする楽天球団の新規参入が決まった。

さらに、〝機構入り〟することで親会社が〝消滅〟したダイエー球団は、ソフトバンクへ売却・譲渡された。

孫が小林に白羽の矢を立てたのは、こうした一連のタイミングでのことだった。

球団経営という新規ビジネスに挑むソフトバンクからの「ヘッドハンティング」だった。

「編成育成部」

小林は、入団してからの５年間は「連盟担当」を務めていた。

それは、球団経営に軸足を置いたビジネスの色合いが濃いポジションで、ＩＴ企画といった、将来の球団経営の中核を担うとみられていた分野の新開発に尽力していた。

パ６球団が株主となり、試合映像の配信などに関し、合同でビジネスを行うパシフィックリーグマーケティング（ＰＬＭ）を設立したのは２００７年（平成19年）のことだった。

小林は、ＰＬＭの初代執行役員も務めている。

試合の放映権は、球団の収入で大きなウエートを占める。

かつて、巨人戦の地上波中継での放映権料は、１試合１億円ともいわれていた。

巨人のみならず、セ・リーグの他の５球団には、これがドル箱でもあり、球団経営の支柱的存在でもあった。

球界再編騒動の真っ只中の２００４年、セ・リーグは年１４０試合制だった。

この場合、巨人を迎えてのホームゲームを、セの５球団は14試合ずつ組める。単純計算で、巨人戦の放映権料は14億円になる。

２０００年代初めの当時、球団経営にかかる年間コストは、低いところで60億円、高いところでも１００億円前後とみられていた。

それだけに「巨人戦の放映権料」の比率は、非常に大きなウエートを占める。

この既得権を、セの各球団は手放したくなかった。１リーグ制への再編に関して、セ・リーグの一部球団が抵抗を見せたのは、ここに大きな理由がある。

この「放映権」を、米メジャーリーグのようにリーグが一括管理し、その収益を各球団に配分する形が理想と言われ続けながら、いまだに日本では実現していない。

そこで、パ６球団だけで、この一括管理のシステムを発足させたのだ。

球団単独で、各地域のテレビ・ラジオ局と放映権の契約を結ぶ形は基本的に変わっていないものの、いまや、テレビの地上波中継自体が激減し、その放映権料も大幅減とみられている。

その一方で、パソコンやスマホの画面で試合を見るスタイルは、当たり前の時代でもある。

ＰＬＭでは、試合の映像をリアルタイムで配信している。さらに試合後やオフシーズンでも、繰り返して見られるようなサービスも行っている。

スマートフォンは「動くインターネット」と言われる。

映像を見るためのデバイスは、気軽に持ち歩ける。野球を見るのに、テレビの前に座っている必要はない。いつでも、どこでも、時間や場所を問わずに、試合を見たい。

試合というコンテンツの魅力は、同時性と臨場感だ。

いつでも呼び出せるようにしておかなければ、ファンは他のスポーツ、いや、他のコンテンツに、あっという間に流れてしまう。

こうした先見性を持った新ビジネスを、小林はＰＬＭで先頭に立って手がけていた。

もちろんやりがいはある。それでも、元プロ野球選手は現場の血が騒ぐ。

２０１０年（平成22年）に、ソフトバンクは「編成部」と「育成部」を一つにした「編成育成部」を発足させた。

選手の獲得、育成、チームの体制作り、監督、コーチ、そしてメンバーの編成。

勝つためのチーム作りという、いわば川上から川下まで、そのすべてを管轄する「編成育成部長」に小林が就任することになったのだ。

球団内で「３軍制構想」の話が浮かび上がってきた、ちょうどその頃だった。

「試合に出ないと、うまくならない」

小林は、かねてから日本の育成システムの「乏しさ」を痛感していた。

それは、プロ野球選手としての日々を送る中で感じた、拭い去れない「疑問」でもあった。

「現役のとき、僕みたいな投手は『中2か月』ですよ」

自虐的な説明は、決してジョークでも、話を大袈裟にしたネタでもない。

東京六大学では通算0勝12敗。

小林の在学中、東大はリーグ戦70連敗という、とんでもない負の記録も樹立している。

それでも、プロになりたい。

野球への情熱を高く買ってくれたのが、ロッテだった。

留年が決まっていた小林に「卒業まで待つ」と、球団側は「練習生」として、1年間の猶予まで与えてくれた。

1991年（平成3年）、小林はドラフト8位指名を受け、晴れてロッテの一員となった。

東大出身の左腕。その希少価値は、プロとしての話題には事欠かない。

しかし、シビアな実力の世界でもある。

当時、イースタン・リーグは年80～90試合。雨天中止は、そのまま代替ゲームもなく終わってしまうため、球団によってこなせる試合数も違ってくる。

2軍とはいえ、記録がモノをいうプロスポーツの世界では、おかしな話だ。そこに、プロ野球界の「ファーム」という環境の貧弱さが表れているともいえる。

しかも、1軍の公式戦より、年50試合近くも少ない。

将来、1軍で戦うために鍛えなければならない選手たちに与えられる試合数が、1軍よりも少ないというのは、どう考えても、合理的なシステムではない。

これが、育成を強化すべきだという自らの持論の「原体験です」と小林は明かす。

とにかく、試合で投げる機会が少な過ぎるのだ。

「1年目は、ある程度使ってもらえたんです」

ところが、実力を見極められたという部分もあるだろう。2年目に入ると、小林の登板機会が、パタッとなくなった。

試合が始まると、小林は1回から、ブルペンで肩を作る。仮に先発投手が序盤で降板したら、試合をつなぐために投げられるよう、準備しておくわけだ。

「だから、先発が炎上したときだけ、行くわけですよ」

小林ら、登板機会のない投手たちは、自分たちのことを「十把一絡げ組」と自虐的に表現していたという。

2軍でも、当然ながら実力格差がある。

若手育成に加え、１軍での登板機会は少ないが、戦力として必要な選手、さらには故障明けのベテランといった調整組の登板も、２軍の試合で優先されることになる。

「先発するのは、１軍の調整組か、将来を嘱望された若手。後ろ（ストッパー）や中継ぎも、要は１軍の当落線上の投手。僕のような立場では、やることがないんです」

小林のように、２軍でも実力が「下」と判断されると、試合登板のスケジュールを組む段階で、もうはじかれてしまうのだ。

投げる機会がない。すると、自分の成長ぶりも分からない。課題も生まれない。

恐ろしいばかりの悪循環。これでは練習するモチベーションすら湧いてこない。

小林のプロ通算成績は、２年間で１軍登板なし。

イースタン・リーグでも通算26試合、23回３分の１、０勝２敗、防御率６・１７。

年平均にすれば、13試合、12イニング。

シーズンのうち、１か月に２イニングしか投げていない計算になる。

たったこれだけのチャンスで、やり尽くした、全力を尽くしたなんて、とても言えない。

「試さずにクビ。燃え尽きていない。なんとなくクビですよ。悔しいだけ。それって、球団にも選手にも損失ですよね」

何も、できなかった。

「試合に出ないと、うまくならないじゃないですか」

メジャーだと、その下に3A、2A、アドバンスドA、クラスA、ショートシーズンA、ルーキー・アドバンスド、ルーキーの7段階にクラス分けされている（2Aの下の3つが1A）。

つまり、メジャー30球団はそれぞれ「8軍」まで抱えているわけだ。

マイナー選手だけで約6000人。独立リーグも、各地で毎年のように発足したり、あるいは休止が繰り返されてはいるが、毎年、7〜8リーグが稼働している。

メジャーを頂点とする、米プロ野球界の「人材の裾野」の巨大さは明白だ。

これだけのマイナーリーガーがいれば、必然的に「メジャー」という小さなパイを巡っての争奪戦は激化する。ルーキーが、いきなりメジャーでデビューするケースは、長いメジャーの歴史でも数例しかない。誰もが、下部組織からスタートする。

試合の中で結果を出し、評価され、次の段階へと上がっていく。

競争を勝ち抜き、いくつもの関門をクリアしなければ、メジャーリーガーになれない。

小林は、このメジャーの育成方式を「安上がり」と分析している。

「FA（フリーエージェント）で桁違いの額で連れてくるより、マイナーからメジャーに上がってきた選手に、ＦＡになるまでの６年間、活躍してもらう、その方が安上がりなんです。それで、お客さんも喜ぶ。野球界の裾野も広がる。球界も潤う。それだけの理由なんですよ。それを、球界全体でどう認識するのか。育てた方が安いんですよ」

メジャーは、トップレベルの選手になればなるほど、ＦＡやトレードが絡んで流動的でもある。一方で日本は、１軍の外国人選手枠が「４」、生え抜き重視の風潮が強く、トレードも決して活発ではなく、ＦＡで獲得できるのも、基本的には年２人までだ。

「だから、日本ほど育てる方が大事。マイナー充実が重要なんです」

その小林の認識に反するかのごとく、日本の育成システムでは、トップチームへ昇格するための関門は、２軍から１軍への「１つ」しかない。

２０１９年（令和元年）の支配下、育成を合わせた12球団の総数は９２３人。

１軍の出場選手登録枠は各球団29人。これを引いた人数を「ファームの選手」と解釈すれば、計５５５人。マイナーの10分の１しかいない。

それなのに、２軍という「人材のプール」で、試合に出られない選手がだぶつく。

「大リーグだと、８軍まであるわけですよ。なのに、日本はなんで２軍だけだと？　僕は疑問でしょうがなかったんです」

小林がソフトバンクに入団してからも、そうした〝同じ声〟が聞こえてきた。試合に出られない選手がいる——。

育成選手の環境が、球団内で問題視され始めていた。

育成選手が増えると、育成の場が貧弱になる？

当時、ソフトバンクのファームは、福岡市東区にある雁の巣球場を本拠としていた。

グラウンドでは、試合に出る2軍選手の練習が優先となる。育成選手は、ファームの公式戦でも、5人までしかベンチに入れないからだ。

そこで、福岡県内で他の球場を借りたり、雁の巣球場を時間差で使用したりすることで、増えた育成選手のための練習時間をやりくりしていた。

支配下選手の定員は70人。ただ、65人以上いなければ、育成選手を採用することができない。育成選手が増えれば、2軍にいる選手は必然的に増える。

当時、1軍の出場選手登録は28人（なお、2019年からは29人）。育成選手7人を加えた2010年（平成22年）の開幕前、ソフトバンクの全選手は75人を数えた。

1軍、2軍で2チーム。つまり、30人前後での2ユニットを組むことになる。

ケガや故障でプレーできない選手を仮に5人としても、支配下枠の70人、2軍制で十分にメンバー構成ができる計算になる。

ところが、支配下選手70人に育成選手が加わると、途端に10〜15人ほどの〝余剰人員〟が出てきてしまう。

15人では試合はできない。しかも、1軍よりファームの試合数は少ない。

1人あたりの試合出場機会はもちろん、練習時間も減ってしまう。鍛え、経験値を積ませるのが重要な若手選手に、その機会を十分に与えられない。

逸材を発掘し、育てるための「育成制度」のはずが、育成選手が増えることで、育成の場が、逆に貧弱になるというジレンマに陥っていた。

2019年（令和元年）の数字で、ある計算をしてみよう。

前提は少々大雑把になることを了解していただきたい。あくまで「出場機会」の濃淡を分かりやすくする「目安」として提示するものだ。

計算式を説明しよう。

1軍、2軍、ソフトバンクと巨人の場合は3軍を含めた「総試合数」

1試合12人出場（ポジション別の分類は煩雑になるため、便宜上ここでは行わない）
総試合数×12÷全選手数（支配下選手数と育成選手数の合計）
そうすると「選手1人あたりの試合数」がはじき出されることになる。
高い数字から、列挙していこう。

北海道日本ハム　46・5（総試合数2771、支配下68人、育成2人）
東京ヤクルト　46・3（総試合数2774、支配下68人、育成3人）
巨人　45・6（総試合数3338、支配下68人、育成21人）
福岡ソフトバンク　45・1（総試合数3338、支配下69人、育成21人）
横浜DeNA　43・6（総試合数2669、支配下70人、育成4人）
千葉ロッテ　43・5（総試合数2668、支配下70人、育成4人）
阪神　43・2（総試合数2663、支配下69人、育成4人）
中日　43・1（総試合数2662、支配下67人、育成6人）
埼玉西武　43・1（総試合数2662、支配下67人、育成6人）
広島　41・7（総試合数2644、支配下70人、育成6人）

オリックス　41・1（総試合数260、支配下70人、育成6人）
東北楽天　38・5（総試合数266、支配下70人、育成13人）

※筆者注　ソフトバンクと巨人の3軍に関しては、球団HPで日程が確認できた試合数としている。2軍のイースタン・リーグは7球団、ウエスタン・リーグは5球団と、両リーグとも奇数編成のため、2軍の公式戦が組まれない日には、独立リーグや社会人との練習試合、交流戦を組んでいるケースが散見されるが、これらの試合データのすべてを完全に捕捉できないため、試合数には組み込んでいない。また、1軍のクライマックス、日本シリーズの試合数もここでは含んでいない。
　なので、各球団とも総試合数は計算したものよりも多くなると思われるが、日程上や選手数を考慮に入れると、いずれかの球団が突出して試合数が多くなることはないと推察する。そのため、ここではじき出した1人あたりの試合数の数字が大きく変動したり、その順位が大きく入れ替わったりすることはないと考えてもいいだろう。

「少数精鋭」か「3ユニット」か

仮にソフトバンク、巨人が、現状の育成選手数で「2軍制」なら、1選手あたりの試合数がどうなるかを、同じ計算式を使って出してみた。

福岡ソフトバンク　34・7

巨人　36・3

これらの数字から導かれる推論は、以下のようになるだろう。

ヤクルトも日本ハムも、総選手数はともに71人。つまり「少数精鋭」に絞り込んだ2球団と、巨人とソフトバンクのように育成枠を拡大して「3ユニット」で試合を行える体制を築いた2球団は、1人あたりの試合数で同レベルになる。

「2軍制」だと、育成選手が増えることで、1人あたりの平均試合数がどうしても少なくなる。若き小林のような「試合に出られない選手」を、より多く生んでしまうのだ。

「少数精鋭の考え方もあります。それでも選手に出場機会は必要なんです。ファームの若い選手たちは、試合慣れしていない。だから、まず試合への出場機会をきっちり与える。それが、大事なことなんです」

獲らないなら、絞り込む。獲るなら、拡大する。

小林の「持論」は、もちろん後者だった。

自らの経験をもとに、選手数を拡大し、3つのユニットを作った上で「3軍」にもチームとしての機能を備え、3軍単体で試合ができる体制にする。

その上で毎年、60～80試合ほど対外試合が組まれる。

２０１９年（令和元年）には、６月の韓国遠征11試合を含み、３軍での対外試合は計78試合行われている。

「ずっと、この考えを温めていたという感じでしたね。マグマがたまっていた感じです」

育成システムを整備する。それには「３軍」を創る必要がある。

小林の心の中で、その情熱が沸々と温度を上げていた。

「育成の日本ハム」

先のデータから見ても分かるように、ソフトバンクの「３軍制」と〝対極〟に立つ球団の一つが、北海道日本ハムファイターズだ。

２０１８年（平成30年）のドラフト会議で育成選手を１人指名するまで、２００５年（平成17年）の育成ドラフト発足以降、12球団の中で、育成選手を最後まで採用していなかった球団でもある。

そのことを批判するのが主眼ではないことを、まず前置きしておく。

少数精鋭の育成方針。

これで成果を出し続けることで「育成の日本ハム」の評判は、プロのみならず、アマ球界にも、完全に浸透している。

中田翔、ダルビッシュ有、大谷翔平、清宮幸太郎。

ドラフト指名でも、他球団との競合を恐れず、その年に最も評価した選手の抽選にリスク覚悟で果敢に挑み、運も味方につけ、逸材を次々と獲得してきた。

それらの選手たちを2軍で育て上げ、1軍に送り出し、主力へと成長させていく。

東京から北海道へ本拠地を移転した2004年（平成16年）以降、2019年（令和元年）までの16シーズンで、リーグ優勝5度、日本一2度を誇る。

1軍と2軍。その「2ユニット」で、勝利も、育成も追求していく。

選手枠を拡大するソフトバンクと、逆に絞り込む北海道日本ハム。

その「違い」を探るべく、私は沖縄・名護の春季キャンプ地へと飛んだ。


2020年（令和2年）2月。

2年をかけて改装された名護市営球場には、新たなネーミングライツも結ばれた。

その「タピックスタジアム名護」で行われている日本ハムキャンプは、1981年（昭和56年）以来、長きにわたって続いている。

北海道日本ハム、遠藤良平ＧＭ補佐

その新球場に、ゼネラルマネジャー（ＧＭ）補佐を務める遠藤良平を訪ねた。

遠藤は、東大時代に東京六大学リーグで８勝をマークした左腕投手で、１９９９年（平成11年）のドラフト７位指名で日本ハムに入団している。

東大出身者としては、史上４人目のプロ野球選手となる。

つまり、小林至の〝次〟にプロ入りした東大生だ。

２年という短い現役生活の後、メジャーのアリゾナ・ダイヤモンドバックスに留学。帰国後の２００４年（平成16年）から、日本ハム球団のフロント入りをしている。

北海道移転後のチームとともに歩んできた一人で、２０２０年（令和2年）現在のポジションであるＧＭ補佐には、２０１５年（平成27年）に就任している。

早速、遠藤に日本ハムの「少数精鋭の育成方針」について尋ねてみると「もう少し、人数がいてもいいんです」という〝想定外の答え〟が返ってきた。

「誰が育つか、それは分からないんです。だから、その分母が大きい方がいいに決まっているんです。ただ、それで投資効率が落ちて、投手のイニング数、打者の打席数が分散されてしまっては意味がない。最近は試合数が増えてきているので（支配下選手枠上限の）70人を超えて、もう少し育てられるかなというのはありますね」

２０２０年（令和２年）１月25日現在、日本ハムの支配下選手は67人。ここに育成選手が６人加わり、総勢で73人。前年よりも２人増となっている。

２軍のイースタン・リーグに所属するのは関東以東の７球団。奇数編成のため、試合が組めないときが、どうしても出てくる。その場合、社会人や独立リーグのチーム、あるいは巨人の３軍との交流戦を行うケースがある。

それらは、リーグの公式記録に残らない「非公式試合」の扱いになるとはいえ、若手選手にとっては、貴重な試合機会の一環である。

ただ、けが人や故障者が増えると選手が足りなくなり、投手が代走に出たり、外野手が内野手に回ったりするなど、穴埋めで出場せざるを得ない選手が出てくるという。

強化が主眼の試合のはずなのに、試合をこなすことで四苦八苦する。そうした状況を避けるために、選手を増やしておかないといけないという事情もある。

「試合に出られない人が、あまりいない方がいいというのがあります。限りある資源に対して、分散投資をするのは効率がよくない。集中投資をしたいんです。その前提としてスカウティングで獲ってくる素材が大事です。獲ったからにはファームで使う。（人数面から）使わざるを得ない布陣でもありますし、かなりの確率で1軍戦力になってもらわないと、というプレッシャーは、獲る側にも育てる側にもあります。そのサイクルが日本ハムなんです」

遠藤の説明は、実に明確だった。

試合を通して選手の能力を伸ばし、そのパフォーマンスを評価の対象とするという方針は、日本ハムもソフトバンクも全く変わらない。

選手を絞り込み、２ユニットでやるのか。

選手数を広げて、３ユニットでやるのか。

その「方法論」の違いというわけだ。

「絞ることで、あまり冒険がしにくいのはありますね。僕が思うのは、大学卒でドラフト上位指名を受ける投手でも、高校の頃には、名前を知らなかった投手がいる。高校時代は大したことがなくても、４年たったら、ドラフト1位になる。スカウティングをきっちりとやっても、未来予測がきちんとできるわけではないんです。

絞り込むのが目的ではなく、1軍を優勝させるためですから、そのためには、選手が多い方がいい。３軍を作って試合ができるのであれば、それはもちろんいいんです。だって、どこからいい選手が出てくるのか分かりませんから。こういうのは思い通りにはいかないんです。ただ、どこまで増やせるかは、さじ加減次第なんです。身の丈に合った中で、何がいいのか。その答えはなかなか出ませんね」

つまり「拡大した体制」を採れないのであれば、予算や施設によって「限定」される範囲の中で選手を育て、１軍に送り込まなければならない。

その目的に適う手段を選ぶ。

日本ハムは、それが「少数精鋭」ということなのだ。

「３軍には、公式戦がないですよね。ホークスはそこが大変なところだと思うんです。そのために、場所も造る、お金もかけて造らないといけない。そこまでやる覚悟がないといけない。人数をただ増やせばいいというもんじゃないですからね」

２００５年（平成17年）から２０１８年（平成30年）までのドラフトで、育成を含めた指名人数は、ソフトバンクが１３９人、日本ハムは１０７人。そのうち２０１９年シーズンまでに１軍でプレーしたのは、ソフトバンクが75人で、日本ハムは93人。その〝昇格確率〟は、ソフトバンクの「54・０％」に対して、日本ハムは「86・９％」

さらに、２０１９年（令和元年）に、日本ハムで1軍の試合に出場した野手は27人、投手は30人。一方、ソフトバンクは野手30人、投手29人。総人数が日本ハム71、ソフトバンク90だから、その割合からすれば、日本ハムの方が1軍で出られる確率は高くなる。

２０１６年（平成28年）の日本シリーズは、少数精鋭の日本ハムと広島。

２０１９年（令和元年）の日本シリーズは、３軍制のソフトバンクと巨人。

育成のトレンドが、その出た結果によって、大きく一方に振れる傾向は否めない。ただ、どちらかにターゲットを絞らないと、結果が伴わないことだけは確かだ。

実は、その〝中間〟ともいえる方法が、プロ野球界の主流でもある。

育成選手と、１軍、２軍の故障した選手で構成される３軍。指導者も、３軍監督と投手、野手のコーチが、各１人ずつといった陣容だ。

いつしか「広島型」と呼ばれるようになったこの「３軍制」では、育成とリハビリに特化している。このケースでは、３軍単独で試合をできるだけの人数をそろえていない。

２０２０年（令和２年）から「３軍制」を編成した西武をはじめ、大半の球団は、こうした「２・５軍」のようなユニットを抱えるようになっている。

１年間の１人あたり育成コストは約１０００万円

かつて、阪神や千葉ロッテも「３軍制」に本格的に乗り出そうとしたことがある。

そこでネックになったのは、３軍というチームを稼働させるための「コスト」だった。

選手数が増えることで、育成費も増大する。

選手１人に対し、１年間でかかる育成に関するコスト、つまり食費をはじめとした諸雑費など、大雑把に「１人あたり１０００万円くらい」と小林は証言する。

スタッフ、コーチ陣の増員も必要になる。練習場所も、人数が増えることで新たに確保する必要がある。選手寮の拡充も迫られる。

阪神は、育成選手を最大12人（２０１１年）、ロッテも同14人（２００９年）を抱えたことがあった。このとき、両球団とも寮の部屋が足りなくなり、阪神はマンションを一時的に借り上げ、ロッテは、グループの一般社員の寮に育成選手を住まわせた。

コストは増大する一方で、そこから、育成選手がどれだけ一人前になり、１軍戦力となれるのか。

育成ドラフトがスタートした２００５年（平成17年）から２０１８年（平成30年）まで、育成指名を受けて入団した選手は、12球団で２８７人を数える。

そのうち、1軍の試合で1試合でもプレーすることができたのは、投手38人、野手37人の計75人。その確率は「26・1%」となる。

その中から、1軍で活躍し、戦力として定着したとなると、さらに人数が少なくなっていく。タイトルを獲得した選手は4人しかいない。

一方、同期間でのドラフト本指名の入団は1093人。

1軍に出場したのは914人。確率とすれば「83・6%」となる。

1軍という「プロの舞台」にたどり着くだけでも、これだけの「差」が生まれている。

選手を「モノ」や「材料」のように扱うのは、本意ではない。

それでも「費用対効果」というシビアなものさしで測れば、育成は「無駄」という結論を導き出すことになるのも、無理もない数字が出てしまう。

契約金の多寡は、初期投資の大小と同義語でもある。

投資に対するリターン。それは、時間とリンクする部分も大きい。結果が出なければ、先に切られるのは、ドラフト1位ではなく、育成の選手になる。

ドラフト上位指名で、多額の契約金を投じた選手には、その費用を回収するために、ある程度のスパンで、成長に期待し、見ていくという判断が生まれていく。

それは、ビジネス界における当たり前の理屈でもある。

また、10代後半から20代前半の若い選手を20人近く抱えることで、犯罪などの不祥事が発生する可能性も、ほんのわずかとはいえ、高まるというのも否定できない。

それは球団のみならず、親会社のイメージ悪化につながる大問題にもつながる。

あくまで稀なケースだ。それでも、確率としてはゼロではない。

親会社からの出向組がいまだに多い日本の球団フロントにとって「自分の在任中は」という、事なかれ主義の風潮は、今もなお残っている。

ソフトバンクでもかつて、育成選手から支配下登録されながら、不祥事を起こして警察に逮捕され、解雇された選手が出たこともある。

そうした種々のリスクを抱えたくはない。ならば、あえて育成選手を増やす必要もない。

何とも悲観的な観点だが、それが社会の現実でもある。

新しいことを「やらない理由」の方が、前に出てきてしまうのだ。

試合を通して選手を評価

ソフトバンクでは、ファームディレクターと選手との間で、シーズン前に一対一の面接が行われる。選手が「こういう自分になりたい」という目標を掲げ、それに基づいて、どういう練習をすべきなのか、どういう点を強化していくべきなのかを話し合っていく。

そのための具体的な取り組みを「目標管理シート」に書き込んでいく。

これをもとに、前半戦終了時のオールスター休みの間とシーズン終了後にも選手との面談が行われ、その進捗状況を確認する。

Management By Objectives
略して「MBO」と呼ばれる目標管理システムによって、育成を管理していく。

「ビジネスの世界では、ごく普通のことですよね。MLBのファーム組織でもやっています。ただ、日本の野球界がこれまでやってきていなかっただけです」


小林が打ち出した新機軸の狙いは明確だ。

試合を通して、選手を評価する。それを「可視化」していくのだ。

シーズン前には、フロントとファームの首脳陣が集まり、合議の上で若手選手たちの相対評価として「A」「B」「C」のランク分けを行っている。

選手たちに、こうした評価を伝えることは一切しない。それでも、現場とフロントの双方では常に確認され、共有されているという。

契約金と指名順位は、アマ時代の実績に応じた評価であり、期待値の表れでもある。大金を投じて獲得した「Ａ」の選手は、基本的にはドラフト上位の選手になる。彼らには、２軍で出場機会をしっかりと与える。基準に足りない分は、３軍でも出場機会を与え、トータルで目標となる数字に到達させる。

一方で、育成選手は、投資額からしても、力量的にも、ランク「Ｃ」になる。その「Ｃ」の選手にも、出場機会を与えなければ評価ができない。

Ａの選手が年４００打席なら、Ｃには年２００打席。

同じポジションなら、ＣはＡのバックアップという分け方になる。

この「年４００打席」という数字は、１試合４打席、これを１００試合以上こなすという計算から出てくる。つまり、ファームのシーズンを通して「フル出場」することで達成できる数字になる。

２０１９年（令和元年）に、２軍のウエスタン・リーグで規定打席数（チーム試合数×２・７）に達した打者は５球団で17人。うち６人がソフトバンクの選手で、もちろん、リーグでもトップの数字だ。

その６人のうち、１、３軍のゲームを含めると、４人が「５００打席」を突破している。

この「500打席」になると、ウエスタン、さらにイースタン・リーグの7球団を含めても、2軍の試合だけで到達している選手は、たった1人しかいない。

このように「期待値」と「投資額」に応じてというシビアな前提がつくとはいえ、育てるべき次代の若手選手たちにできるだけ多くの出場機会を与え、試合を通して評価する。そのために「3軍」を設けて、実戦の場を増やす必要があるのだ。

「入って、横一線の世界ではないんです。大金を投じた選手には、投資の回収という側面がありますから、より重点を置くことになる。全員が1軍というのは不可能。でも、競争を促進する。パイを広げることによって、出てくる数は増える。刺激も多く与えられる。

ただ、こうしたやり方が、100%ではありません。どんなに優秀な解析ソフトを使っても、選手はどう育つか分からない。受験と一緒ですよ。東大に入る。その時点で優秀なことには間違いないでしょうが、その後の伸びしろは分からない。東大合格はあくまで18歳の時点での結果。その後、例えば30歳になるまでの競争の中で、勝てる能力があるかどうかは分からない。東大卒ということで、チャンスが多くもらえる分、有利なところはあるとは思いますけどね。それは野球も同じだと思いますよ」

その比喩が、何とも小林らしい表現のような気がした。

こうした方針に従って、2軍、3軍ともに、日々の練習内容の進行具合、ゲームでのパフォーマンスを記したレポートが毎日作成され、フロントと現場首脳に一斉メールされる。

球団会長の王貞治のもとにも、その報告書は届けられている。

律儀な王は「読みました」という返信を送るそうだが、これがうっかり、受信者全員への一斉返信になってしまっているときがあるという。

突然舞い込んで来る王からのメールに、スタッフは驚かされるのだという。

「王会長から『読みました』って連絡が来ると、びっくりしますよね。でも、読んでいただいているんだなと、反対に思いますね。こんなうれしいこともないですよね」

小林は、そうした若手の日常にも、それだけ強い関心を持ってくれている王の思いが、何ともありがたかったと振り返る。

メーカーで例えれば、工場のラインからの報告書を、会社の相談役が読んで、工場長に返事を送っているようなものだ。

さらに王は、その報告書を熟読した上で、小林らに対して〝聴取〟することもあるという。

「こういう報告が入っていたけど、君はどう思うのかな?」

「俺は、こうだと思うんだよね。それを2軍監督に伝えようと思うんだけど?」

トップがいきなり動いてしまうと、組織はその意向に振り回されてしまう。
育成へ注ぐ王の情熱と、部下たちへの気遣いにあふれたエピソードだろう。

「聖域なき構造改革」

結果は「数字」だ。はじき出されたデータによって、クラスがふるい分けされる。

選手が増える。しかし、１軍というトップチームの枠は「29人」と決まっている。

競争原理が、必然的に働く。

それが、プロスポーツの世界における「掟」でもある。

小林が編成育成部長に就任した当時、小久保裕紀（前日本代表監督）、松中信彦（現独立リーグ香川球団総監督兼ＧＭ）ら、中心選手が30代半ばを迎えていた。

世代交代が急務の中、ベテランを脅かすような目立った若手の台頭が見当たらなかったという現状は、２００３年（平成15年）の日本一以降、レギュラーシーズンは１位になりながら、プレーオフで２００４、２００５年（平成16、17年）と連続して敗退する悲運も重なったこともあるが、２００９年（平成21年）までの６年間、リーグ優勝を逃していたことにも表れていた。

「弱い球団になると『ファームの主』ってのがいるんですよね」

それは、小林の実体験でもある。

１軍のレギュラーではない。しかし、１軍で故障者が出たら、即座に代わりになるベテラン。こうした選手が、２軍には存在するのだ。

居心地は悪くない。そこそこの給料ももらっている。いざというときには役に立つ。

そうした〝２軍ズレ〟した中堅やベテラン選手を、常に２軍の試合に出して、調整させておかなければならない。それが、伸びつつある若手には邪魔な存在にもなる。

「あれほど腐らせるものもないんです。これをなくしたい。だから、クビの選手を含めてどんどん入れ替えようと。育成選手を増やすのも、そこから出てくる可能性より、最初は結構、そっちの狙いの方でしたね」

小林が編成部門に携わった２０１０年（平成22年）からの５年間、ソフトバンクは大型補強に次々と乗り出している。

そこには「強い刺激をチームに与えないといけない」という、王の方針も反映されている。

その第１弾が、２０１０年４月のシーズン開幕直後の緊急補強だった。

ヤクルト、巨人で活躍したロベルト・ペタジーニを獲得したのだ。

1999年（平成11年）から4年間はヤクルト、2003年（平成15年）からは巨人でプレー。その6年間で、日本通算223本塁打を放っている。

ヤクルト時代には2度の本塁打王、打点王にも1度輝いている。

その後、メジャーと韓国でプレーし、ソフトバンクに入団したときは38歳。守備には不安がある。起用法は、必然的に「指名打者」か「一塁」になる。

ポジションがかぶるのは、小久保であり、松中である。

「聖域なき構造改革です。チームの顔、人気者のベテランという聖域に外国人をぶつけるということですね。小久保も松中も、私のことを恨んでいただろうな」

小久保や松中は、チームリーダー的な存在でもある。

ベテランのプライドは傷つく。チーム内の反発、ファンからの疑問の声も聞こえてくる。

ペタジーニなんか、いるのか？

それでも、小林の方針はブレない。

チームの新陳代謝を図る。強いホークスを取り戻す。ただ、チームが一瞬にして強くなるような魔法はない。だから、何かにチャレンジする時点で、100％の理解はありえない。

そのシビアさとタフさを兼ね備えていなければ、突き進んでいくことはできない。

小林の編成育成部長時代、ソフトバンクは「ＦＡ補強」にも積極的に乗り出している。

２０１０年　内川聖一（横浜・内野手、外野手）　細川亨（西武・捕手）
２０１１年　帆足和幸（西武・投手）
２０１２年　寺原隼人（オリックス・投手。２００１年のダイエードラフト１位）
２０１３年　中田賢一（中日・投手）　鶴岡慎也（日本ハム・捕手）

外国人補強でも、日本の他球団で実績を挙げた選手の獲得が目立った。

２０１１年　アレックス・カブレラ（西武〜オリックス。２００２年に55本塁打）
２０１３年　ジェイソン・スタンリッジ（阪神・投手）
　　　　　　デニス・サファテ（広島〜西武・投手）
　　　　　　ブライアン・ウルフ（日本ハム・投手）
　　　　　　李大浩（オリックス・内野手。２００８年北京五輪では韓国代表で金メダル）

この助っ人４人を補強した翌２０１４年は、３年ぶりの日本一奪回につなげている。

小林が編成育成部に携わった５年間で、外国人選手の補強は計19人。トレードを成立させたのは７件、ＦＡ選手の獲得は６人。さらに、メジャー経験者の松坂大輔、岡島秀樹、五十嵐亮太も獲得している。

それは、まさしく「血の入れ替え」とも言えた。

小林の振るった大ナタが、後のホークスの「強さの礎」となっているのは、時が経ってみたら分かる。競争は、より多くの、よりレベルの高い選手が集まることで激化する。

「３軍制」という新機軸は、そうした発想の延長線上に出てくるものでもあった。

「やれない球団に不平等になる」

勝ちながら、育てていく。

その二大ミッションを、あくまでも追求しようとするソフトバンクに「金満球団」「カネにあかせた巨大補強」という、心ない声も聞こえてきた。

新しいことを始めるときには、そうした中傷や横やりが入ってくるのも付き物だ。

　12球団のフロントの実務者レベルで集まり、今後の運営方針などを話し合う実行委員会でも、育成選手を多数獲得することで「3軍制」を本格稼働させたいというソフトバンクのプランに、多くの球団から異議が出たという。

　その大勢を占めた意見は「やれない球団に不平等になる」というものだった。

強化、選手獲得。それは、球団の方針であり、他球団から口を出されるものではない。

ただ、12球団には、共存共栄を図るという「サロン」の役割もある。

サッカーのJリーグのように、入れ替え戦はない。戦力均衡の中で争う。そのためにドラフト制度が取られ、資金力の差が出ないように調整されている面もある。

「12球団の利害が衝突するのは仕方がない。各球団、事情がありますから。それは分かります。分かりますけど『あなたのところだけ』となるんですね。『なんで3軍まで？』という球団もありました。それも一つの考え。その少数精鋭の考えも、我々は否定しません。それでも、ホークスうんぬんじゃなく、野球界の損失になるんです。3軍制に関する、快く思わない、たくさんの選手保有をすることが〝ぬけがけ〟という見方になるんですね」

　小林は、その矢面に立つことを厭わなかった。

「僕は『リスク・テイカー』なのかもしれません。返り血を浴びるだろうと分かっていても、やるべきと自分が思っていることは押し通す傾向にありますから」

外野の声に囚われず、自らの信念を貫く。

その強さがなければ、前例のないプロジェクトは、始めることもできない。

もう一人のキーマン

育成選手を、20人前後そろえて、試合をさせる。

その20人は、最低年俸２４０万円。支度金も３００万円程度。つまり、育成ドラフトで５～６人を指名すると、その獲得費用は３０００万円程度となる。

監督、コーチら、３軍スタッフは常時７～８人。その推定総年俸は１億から１・５億円。

さらに選手１人あたり、育成費に年１０００万円というのが相場だ。

練習場の確保、試合のための移動。そうした種々のコストを含め、さらにプラス３億円。

つまり、育成選手20人を抱えての３軍を稼働させるためには「年６億～７億円」の新たなコストがかかることになる。

ソフトバンク球団の２０１９年（平成31年）２月期決算で発表された売上高は「３１７億７４００万円」だった。

全体に占める割合としては低くとも、そこにきっちりとした成果の見通しが示されなければ、ムダ金になってしまう。

６億円で、実績のない、１軍に昇格できるかも分からないような選手を20人も連れてきて、数年でクビにするくらいなら、その６億円で「大物のメジャーリーガーを引っ張ってきた方がいい」「他球団の主力をＦＡで引き抜いてきた方が効率的」という反論が出てくる。

球団内部でも、育成に関して、どうしても意見が分かれがちになる。

そうした中で、球団会長の王とともに、３軍制実現へ向け小林を後押ししたもう一人のキーマンが、球団社長兼オーナー代行の笠井和彦だった。

富士銀行（現みずほ銀行）の副頭取、安田信託銀行（現みずほ信託銀行）の会長を歴任し、２０００年（平成12年）にソフトバンク取締役に就任した笠井は、ダイエーから球団を買収した２００５年（平成17年）から球団社長を務めていた。

当時、外資の企業が保有しており、年50億円の使用料を払わなければならなかった福岡ドームを、約８７０億円で買い取る決断も下している。

自己保有した球場を生かしたビジネスを大々的に展開、球団経営の拡大に努めた凄腕のビジネスマンは、オーナーの孫正義の懐刀といわれ、財務面のスペシャリストでもあった。

その笠井が「３軍は、やらなきゃいかんね」と前向きだったという。

後に２０１６年（平成28年）、ソフトバンクは一大育成拠点の「ＨＡＷＫＳベースボールパーク筑後」を福岡県筑後市に完成させるが、これは笠井が中心になり、２、３軍の本拠地移転に関するプロジェクトチームを立ち上げていたことが、その端緒となっている。

笠井は、筑後への移転を見届けることなく、２０１３年（平成25年）10月に逝去している。

それでも、王と笠井の〝ツートップ〟のお墨付きは、小林にとっては３軍制という新プロジェクトを推し進めていくための「葵《あおい》の御紋《ごもん》」でもあった。

王と笠井がＯＫなら、オーナーの孫が認めているのと、もはやイコールだ。

小林も、この〝図式〟を熟知しているからこそ、こういう例え話になってくる。

「自分は、雇われマダムみたいなものですからね」

裏を返せば、３軍制の反対派や、小林のアンチからすれば、小林が、王や笠井に「取り入って」好きなようにやっているとも映るのだ。

「ドラフト下位の選手だって、どうなるか分からないじゃないか」

「そういうレベルの選手を獲って、さらにコーチもスタッフも増やすのか？」

「人事権を振るいたいだけだろ。小林の自己満足だろ」

新規事業での主導権争い、それらを巡る権力闘争は、ビジネス界の常でもある。

「露骨な反対はしないんですね。でも『大丈夫？』って、よく聞かれましたね。反対する理由はいっぱいあるんです。チーム強化のためにはやるべきだということは、野球に携わった人間だと分かりますが、野球をやってなかった人からすると『費用対効果はどうなの？』となるのは分かります。一朝一夕に効果が出るものでもないですしね」

新たなる「3軍制」は、試合を行うのがメーンだ。だから、監督もコーチも必要になる。

必要とされたコーチは、投手、バッテリー、打撃、内野守備、外野守備。

ここでも、球団内部や本社サイドからも、異議の声が上がった。

「もっと〝スモール〟にはできないんですか？」

人を少なくするというのは、費用の削減、抑制の意味合いが強い。

「本社から出向で来た方には、その立場もありますから、折り合いはやっぱり必要です。プロ野球は本社の理解がなければ成立しない事業でもありますから」

そこで、内野守備と外野守備は「守備コーチ」として、1人に集約することを小林は呑んだという。しかし、投手とバッテリーは「ブルペンでリリーフ陣を見る人が必要」と、当初の計画を押し通している。

新しいプロジェクトを始めるためには、そうした駆け引きをこなさないといけない。

それでも、3軍で試合を組むためには「人数が足りなかったんです」

3軍制初年度の2011年（平成23年）、他球団の支配下選手で戦力外となった選手を3人、育成契約したのは、やむにやまれぬそのチーム事情からでもあった。

2013年、14年にもそれぞれ3人、15年にも1人、同様のケースがあった。

ただ、それは「育てる」という観点からすれば、本意からずれている。他球団の支配下選手を育成枠で採用する事例は、2016年（平成28年）以降、見られなくなっている。

小林の表現を借りれば、2軍とは「ゴルフでいうところの、クオリファイング・トーナメント（QT）」。プロゴルファーが、シード権を確保するための予選会を意味する。

つまり、1軍へ上がるための調整と、挑戦権獲得のための「挑戦の場」だというわけだ。

自らの経験を踏まえても、実績のない若手には、その予選会に出場するだけの「力」がまだない。それを蓄えるための鍛錬の場が「3軍」になる。

しかし、こうしたコンセプトは、球界内でもなかなか理解してもらえなかった。

「3軍制」を発足させた直後から、小林は他球団の関係者から、何度となく投げかけられた〝不可解な疑問〟があったという。

「ホークスの選手って、調子に乗っているんじゃないの？」

「３軍でも、試合に出られるわけでしょ。満足しちゃっているんじゃないの？」

そこには、日本的な「育成観」が込められている。

２軍は、１軍への足掛かりをつかむ「鍛錬の場」でもある。

その舞台に立つために、そして２軍のレギュラーになるために、まずは２軍の中で競り勝たないといけない。

猛練習を重ね、まずはファームの試合に出る〝権利〟を得る。

そこで結果を出して、１軍へ上がっていく。

この「努力のプロセス」を、日本はことさら美化し、大事にするメンタリティが強い。

なのに、ソフトバンクの育成選手には「３軍」という場がある。

試合に出られる。その与えられた機会では、精神力や根性が養われないという発想だ。

「そういうリスクはないの？　ってよく聞かれましたね」

元プロ野球選手ゆえに、小林には、その質問の意味が瞬時に理解できた。

「実戦で見極めるための場所が必要。それは、ある種、当然の帰結なんです。ロジカルに考えれば、ですね」

だからこそ、小林は自らの手足となるスタッフに、プロ経験者を置いたのだ。

小林とともに「3軍制」の立ち上げに尽力し、後に小林を継いで「編成育成部長」の重責を担うことになるのは、王ダイエーの初優勝を支えた「元エース右腕」だった。

「ユニホーム組」と「背広組」をつなぐ〝蝶番〟

永井智浩は、１９９７年（平成9年）のドラフト1位でダイエーに入団した。

社会人・ＪＲ東海のエースとして活躍した右腕は、中日との争奪戦になった逸材だった。

プロ2年目の１９９９年（平成11年）には10勝をマーク。若き右腕は、エースの称号にふさわしい活躍を見せ、王ダイエーの初優勝と日本一に貢献した。

永井はその後、２００３年（平成15年）に右肘を手術。２００５年（平成17年）には体調不良で入退院を繰り返し、現役を引退することになった。

それでも、翌２００６年（平成18年）には背番号「１２０」をつけ、チームスタッフの肩書ながら、現役復帰への可能性も最後まで模索した。

栄光と挫折。努力と執念。

現役時代の明と暗を知った男は、永井の就任に合わせて立ち上がった「野球振興部」で子供たちの野球普及に努めた。

「12球団ジュニアトーナメント」は、各球団の地域で選抜された小学生らで代表チームを作り、各球団のユニホームを着て戦う。

そのジュニアチームで、永井は「監督」も務めている。

「野球振興で、いろんなスポーツとかかわったんです。サッカー界なんか、ずっと進んでいましたよね。指導者のライセンスがあって、段階ごとに、そのライセンスの格も上がっていく。野球界には、そういうのがないじゃないですか。運動能力の高い子供は野球に来てたのに、今は人口自体も減っているし、他のスポーツへの興味が高い。素材のいい選手を育てないと、プロ野球界のレベルが落ちて、そうすると野球人気も下がってしまう」

そうした危機感から、永井も「３軍制」の意義に、大いに賛同できたという。

「放っておいても、伸びる素材の選手はいますし、管理して、きっちりとやれば強くなる選手もいる。だから、選手を獲って、現場に投げて、あとはよろしくお願いしますということだけではないでしょう。フロントも携わって、ファームをやっていこうということで、僕も任命されたと思っています」

現在は編成育成本部本部長兼スカウト・育成部部長を務める永井智浩

２０１０年（平成22年）に、小林が編成育成部長に就任したその年、永井も「野球振興部」から「編成育成担当」へと持ち場が替わった。

フロントと現場が一体となって、育成していく。

だから、部署名に「編成」と「育成」が一緒になっているのだ。

「現場」と「フロント」、「ユニホーム組」と「背広組」をつなぐ、両方を知る永井は、その〝蝶番《ちょうつがい》〟としての存在でもある。

ただ、フロントが介入して、育成の管理を行おうという新しい試みに、今度は現場側からも、反発の声が上がり始めたのだ。

2軍で若手を鍛え、1軍に戦力を送り込む。2軍の監督やコーチ陣、スタッフは、その「育成」という命題を成し遂げるために任命されている。

そこに、フロントが入ってくる。

野球を知らん奴が、口を出すな。

グラウンドでのことは、ユニホーム組がやるんだ。

そういう風潮が、野球界には残っている。

それが、野球選手としての誇りでもある。その感情は、永井にも「分かる」という。

「辛かったですね。俺に任されているはずなのに、なんでフロントが来るんだ、何しに来たんだ、となるんです。今までそうやってきたし、それも正しいんです。でも、これからはフロントも携わって、ファームをやっていこうということなんです。ただ、最初は『育成担当』って何？　だったんですけどね。完全に、手探りでしたから」

当時の2軍スタッフの一部が見せた反発は、かなり強硬だったと小林も振り返る。

「現場で、個性を見ながら、技術を教え込む。それは2軍監督やコーチがやることなんです。ただ、そのフレームワークが理解してもらえないんですね」

小林も、2軍首脳陣たちと、何度となく膝を突き合わせ、互いの理解を求めて話し合ったという。新たな方針は理屈で分かっても、職人気質が強ければ強いほど、指導者たちにはどうしても、割り切れない思いが残るのだ。

しかし、３軍制という新たなメソッドは、フロントと現場が一体となって、発掘した逸材を開花させ、育て上げるシステムなのだ。

3軍制という「新メソッド」の〝肝〟

小林が、こんなシチュエーションを挙げて説明してくれた。

きょうの試合は、ピッチャー4人でまかなう。

そのプランをもとにイニング数、球数のメドを立てる。

しかし、登板した投手が打たれる。大量失点になりそうだ。

流れを止めたい。勝ち負けにこだわれば、リリーフを送り込む場面だ。

「こいつだと抑えられる、というのはそうじゃない。与えられた中だけでやっていく。その意味が分からないと、悪く取る人はいるんです」

試合が壊れる。それでも、続投させる。

その失敗の中から、新たな課題も生まれてくる。

それらを含めることが、育成プログラムの中での〝決め事〟なのだ。

「あいつは、頑張っている。だから、俺が試合に出させてやる。これまでは、そういうプロセスだったわけです。いずれにしても、試合で結果を出す。それが前提となっているはずなんですけど、『上』でやってきた人ほど、それが分からないんです。彼らには、技術を教えることも、その見本を見せることもできる。なのに、そのストラクチャーが分からない。育成をするという、その意味が、ですね」

この試合は、この選手に、これだけのイニングを任せる。打席に立たせる。

そのパフォーマンスを指標化し、実力の評価と、今後の育成プランを定める。

この日はオフ。この日は、早めに練習を切り上げさせて休養に努める。

各個人のレベルや状態に合わせ、フロント側が現場にそうした要請を行うこともある。

これを「現場への介入」と受け取られては、小林の描く「3軍制」という育成システムはそもそも、成立しなくなってしまう。

「3軍制」での育成計画は、フロントと現場の二人三脚で進めていくものなのだ。

小林の下で、編成育成部で動き始めた永井の認識には、元プロ野球選手ゆえの経験に裏付けられた説得力があった。

「野球界って、若いやつを捕まえて、練習をさせる風潮があるんですよ。でも、1年目とか2年目の選手には、練習する準備ができていない。出来上がっていないやつを捕まえて『やれ』ではダメですよ。技術の練習をするのには、数を打たないと、ノックでもバッティングでも、うまくならないんです。でも、数をやらせるだけの体力がないと、壊れてしまうし、体も痩せる。だから『いっぱいバットを振れ』と言っても、こっちが『それができる体ができていませんよ』と言わないといけない」

それが、フロントの役割であり、3軍制という「新メソッド」の〝肝〟でもある。

なぜ、3軍を創るのか。その狙いをフロントと現場で共有し、浸透させていく。

「俺が育てた、ではないんです。みんなで育てる。その仕組みで育てる。育てたら、それを評価する。こういう風にして、チームの骨格を作るんです。人と仕組みです。それをみんなで理解するんです。だから、2、3軍の勝ち負けは、評価を一切しない。与えられた中でやってくださいと。しかし、その意味が分からないと、悪く取られるわけです」

こうした小林の「勝敗は不問」の方針にしても、新たな育成の枠組みを理解することができなければ、その真意も当然ながら伝わることはない。

新方針を受け入れられなかった一部のスタッフからは「勝ち負け、どうでもええって、ウチのフロントは言う」という、悪い解釈にもつながっていき、そうした不満や悪評は、尾ひれや背びれがついて、瞬く間に他球団にも広まっていく。

野球人にとって「負けても構わない」というのは、それが極論だとは分かっていても、感情的には受け入れがたいものがあるのだ。

その感情論は、小林だって分からないわけではないのだ。

「野球界って、情緒的なところがあるんですね。例えば、選手のＡＢＣのランク付けにしても、そんなこと、しちゃいかんとかね。野球以外の人が、入ってきてほしくない、標準化をしたくない、聖域を崩したくないんですね。自分たちがたどってきたキャリアと違うことをする。それは、前例否定のような気がするんでしょうね。でも僕は『標準化』を選んだんです。職人芸から標準化。それは、相当反発を食らいましたね」

理想の形を、実現していく。

その「道」は、決して平坦ではなかった。

周囲との摩擦は避けられない。横やりを入れてくる人間もいる。しかも、肝心の選手が育たなければ、カネの「無駄遣い」と叩かれ、己の立場すら危うくなる。

それでも、やる――。

「自分は『テクノクラート』なんですね。もっとも、手順を間違ったり、手続きを吹っ飛ばしたりするので、優秀なテクノクラートではないのですが」

それが、小林が自分自身を支える〝アイデンティティ〟でもあった。

「サバイバルの思想」

「テクノクラート」とは、日本語訳だと「技術官僚」となる。

科学技術、経済運営、社会政策。こうした高度な技術、あるいは専門技術を持った上で政策の立案、その実施に関与していく官僚や管理者のことを指す。

小林の「元プロ」としての経験と知識。そのすべてを駆使して「３軍制」を創る。

スパルタではない。鉄拳制裁でもない。根性と猛練習だけではない。

公平な評価。平等なチャンスのもとで、選手たちがプレーする。

潜在能力を開花させる「場」を作る。そのための「環境」と「指導者」を置く。

「メジャーの真似といえば、真似なんですね」

複数の階層を置き、レベルに応じて、段階ごとにクリアしていく。

３Ａ、２Ａ、１Ａ、ルーキーなど計７球団を傘下に置くメジャーと、トップチームの１軍の下には「２軍」という１層しかない日本。

その「育成の裾野」の貧弱さは、選手たちの「挑戦の場」が少ないこととイコールだ。

王から、小林はこんなアドバイスを受けたという。

「野球の本場は、メジャーなんだ。歴史だって長いだろ。だから、基本的には彼らのやるようにやって、日本流にアレンジすればいいんじゃないか?」
少数精鋭ではなく、選手層を広げ、競争の場を拡大する。
メジャーの「サバイバルの思想」を持ち込んだのが「3軍制」というわけだ。
その組織を、円滑に運営し、発展させ、結果を生み出す。
小林至という「野球官僚」は、新たなチャレンジには不可欠な「頭脳」だった。

第2章　逸材を探せ

「埋もれていた金」を見つけ出す

「3軍」を創る。

その新ユニットは、単体で試合を行い、専任の監督もコーチも置く。

フロントとともに「育成計画」を立て、双方の確認のもと、着実に実行していく。

２０１０年（平成22年）当時、スカウト部長だった小川一夫は、小林と何度となく繰り返したミーティングを通して、その重要性が十分に理解できたという。

むしろ、そうすべきだと、かねてから小川も思っていたのだ。

「いい人材を獲って、合った指導をして育てる。そこはリンクしている。だからスカウトとコーチってのは、大事なんだよ」

小川一夫２軍監督

目立たない、埋もれている素材を発掘して、育て上げる。それは、スカウトにとっては当然のミッションであり、己の「目」の確かさが問われるシビアな作業でもある。

２０１０年（平成22年）夏。

編成育成部長の小林至は〝鷹の目利き〟に「３軍制」の新構想を打ち明けた。

「それは面白いですよ。やりましょう」

ただ、10月のドラフト会議まで、２か月足らずしかない。

「もう一回、リストを洗い直してくれ」

小川からの緊急通達が、全スカウト陣に届けられた。

とにかく「３軍１期生」を、大急ぎで探さなければならないのだ。

ドラフト指名の候補リストから消した選手を、もう一度洗い直す作業だ。

育成選手を、少なくとも５～６人は獲っておかないと、まず３軍の試合が組めない。だからといって、むやみに誰でも獲ればいいというものでもない。

「数の原理なんだけどな。その中に『金』が混ざってないとダメなんや。そこを見極めんといかんし、それを見極めるのが、プロのスカウトの仕事だよ」

単純明快なスカウティングの極意を力説した小川は、２０２０年（令和2年）のシーズンを、ソフトバンクの2軍監督として迎えている。

スカウト歴は四半世紀以上。2軍監督としても通算6年目になる。

１９５４年（昭和29年）生まれ。

還暦を優に超えているにもかかわらず、浅黒く日焼けした精悍な表情は、ユニホーム姿とも相まって、年齢を感じさせない力強さと迫力を感じさせる。

この男が、数々の「埋もれていた金」を見つけ出してきたのだ。

一人三役

１９７２年（昭和47年）

小川は、ソフトバンクの前身となる南海に、ドラフト5位で指名された。

北九州の戸畑商で「4番・投手」として活躍。3年夏の福岡県大会決勝では、古豪・東筑高に０-１で惜敗、最後の夏に甲子園へコマを進めることはできなかった。

ところが、ドラフト指名を受けたとき、ポジションとして発表されたのは「捕手」だった。

小川は、今でいうところの「ユーティリティープレーヤー」だった。

センバツ出場は2度。その甲子園では、左翼と三塁を守ったという。

2年秋の新チームに切り替わったとき、チーム事情から一時期、キャッチャーを務めていたことがあった。

そのプレーぶりを評価したのが、南海の名スカウト・石川正二だった。

親分・鶴岡一人が全国に張り巡らしたスカウト網。石川は「九州探題」と呼ばれるほどの情報通として鳴らした。

40年近くにわたるスカウト生活で、通算４７９盗塁という当時のプロ野球記録を樹立した名遊撃手・木塚忠助をはじめ、レジェンド級のプレーヤーを数多く発掘している。

その石川から「キャッチャーをやらんか?」と声をかけられたのだという。

「投手だったけど、野手投げ。(右腕を引き上げる際の)後ろが小さかったんだ。だから高校止まりの投手。その分スローイングはよかった。それを見てくれていたんだよな」

それでも、プロ6年間の現役生活で、1軍出場はわずか1試合だった。当時の南海は、野村克也が監督兼任の正捕手。ノムさんを超えるのは、並大抵のことではない。

「努力は、ホントにしたからな。だから、すぐに結論は出せた。自分としても、レギュラーになるのは大変。6年やって、そういう仕事も面白いかなと」

引退直後の小川に任されたのは「2軍マネジャー兼バッテリーコーチ」

要するに、現場と裏方の一人二役だった。

「人が足りない、ってこともあったんだけどな」

こうした兼務が、今の小川の基礎を作ったともいえるだろう。

4年間、しっかりと裏方のノウハウをつかんだところで、小川が兄貴分として慕っていた穴吹義雄が、１９８３年（昭和58年）から1軍監督に就任する。

小川が穴吹から命じられたのは、これまでよりさらに〝一仕事増〟の一人三役だった。

「監督室室長」兼「投手コーチ補佐」兼「ブルペンコーチ」

昭和50年代当時のプロ野球は、エースが1人で投げ切るのが基本。１００球をメドに交代するような概念からは程遠いものがあった。

今なら、セットアッパーは8回、ストッパーは9回。その役割分担が明確だ。今とは、その中身が大きく違っている「分業制」とはいえ、これが徐々に浸透していく中で、ブルペンで準備する救援投手の調整や調子を伝え、交代のタイミングを計るためにベンチと連絡を取り合う〝仲介役〟が必要になってきた。

それまでは、投手コーチは1人だった。

ブルペンにコーチがつくということはなかった時代に、小川は穴吹のマネジャー役を務めながら、試合中はブルペンで、リリーフ投手陣を管理していたのだ。

今では、ベンチに入るコーチと、ブルペンに入るコーチの「2人制」が、投手部門では普通のことになっている。

穴吹のスタッフ配置は、野球界の将来を見通したような先見の明があった。

しかし、穴吹時代の3年間は5位、5位、6位。

低迷の責任を取って穴吹が監督を退任すると、小川はフロントから「査定の仕組みを作るように」という、新たなミッションを受けることになった。

査定担当は、1軍の試合を見ながら、その一球、そのワンプレーごとに評価を下し、球団の評価システムに基づいて、ポイントをつけていく。

例えばリリーバーなら、ブルペンで待機して登板がなくても、万が一に備えて投球練習をした球数が査定対象になったりする。

こうした細かいデータを、全試合にわたって記録し、選手ごとにまとめていく。

いかに客観的で、公正で、分かりやすいものにするか。小川のつけるポイントは、選手たちの年俸にストレートに反映されるのだ。

「最初は分からなかったよ、全く。でも面白かったね」

見て、分析し、評価した上で、それをポイントという「形」にしていく。

野球を、そして選手たちに注ぐシビアな「目」が、さらに養われていった。

小川は現役引退からの10年間、コーチとして、裏方として、さらにフロントの一員として、チーム作りの「表」も「裏」も経験してきたのだ。

根本陸夫との出会い

１９８８年（昭和63年）

野球界に大きな変革の波が訪れていた。

阪急ブレーブスが、リース会社のオリックスに、南海ホークスも、スーパーマーケットを全国展開する小売業の雄・ダイエーへ売却されることになった。

南海の本拠地は、大阪・難波から福岡へと移ることになった。

「一夫君、私の後を継ぎなさい」

小川をプロの世界に導いたスカウトの石川正二が、第一線からの引退を決意していた。

南海からダイエーへ。球団売却を潮時に、小川に「スカウト」の座を譲るというのだ。

「もっと、いろいろと何かあるだろうなと思っていたときに、タイミングよく、声をかけてもらったんだよね。スカウト、面白そうだなと思っていたんだ」

北九州出身の小川にとって、故郷へ戻るタイミングでの新たなスタートとなる。

ところが、当時のフロントの方針は「同じ仕事を引き継いでもらう」

球団の言い分も、もっともだろう。

本拠地移転、親会社も変わる。球団業務を混乱なく、スムーズに引き継ぐには、仕事の内容を分かった人間が横滑りして、まずは安定させ、軌道に乗せることが第一だ。

それでも小川は、どうしても「スカウト」という仕事に引かれていた。

当時の球団代表を「1時間半くらいかけて、説得したかな」

小川の粘り腰に「君は、強引だな」と球団代表も、最後は小川のスカウト転身をしぶしぶ認めてくれたのだという。

根本陸夫という「師」が、ダイエーにやって来たのは、その5年後だった。

ちょうど、スカウトの面白さが分かってきた頃だった。

「選手が変われば、景色もそれだけ変わる。人との出会いも新鮮。人脈を自分で作っていく。スカウティングって、人に教わるものじゃないんだなと」

１９９３年（平成５年）から２０００年（同12年）までの８年間、各球団には、大学と社会人選手の１位、２位指名に限っての「逆指名枠」が与えられていた。

事実上の自由競争でもある。有力選手に「行きたい球団」を指名してもらうのだ。

契約金の上限は１億円。ただ、そのルールが有名無実化されていたのも、暗黙の了解だった。複数球団の争奪戦になると、何億、いや、何十億という破格の金額が提示されたという噂が、まことしやかに飛び交っていた。

「強くするために、勝つために、いろいろと考えて行動する。やりがいはあったよ。そういう形のドラフトだったからね。裏技、寝業、何でもありだよ」

そう語る小川が薫陶を受けた根本陸夫も、元プロ野球選手だった。

現役時代は捕手で４年間。球史に名を刻むような記録はない。

広島、クラウンライター・西武、ダイエーの３球団で、11シーズンにわたって監督を務めながらも、優勝経験は一度もなく、Ａクラス入りを果たしたのも一度だけ。

５９８勝６８７敗66引き分けと、監督としての通算成績は大きく負け越してもいる。

根本陸夫の凄さは、フロントマンとしての敏腕ぶりだった。

西武の管理部長として、チーム編成に関する業務を一手に担うと、西武のグループ会社の一つであるプリンスホテルから石毛宏典（元オリックス監督）をドラフト1位で指名したかと思えば、大学への進学を打ち出していた秋山幸二（前福岡ソフトバンク監督）はドラフト外で獲得。社会人へ進むことを表明していた工藤公康（現福岡ソフトバンク監督）はドラフト6位で指名して翻意させ、熊本工の捕手だった伊東勤（元西武、千葉ロッテ監督）は所沢商に転校させた上で球団職員とし、その翌年にドラフト1位指名している。

ライバル球団を蹴落とし、出し抜いて、全国の逸材たちを確実に獲得していった。

全国に張り巡らされた人脈は、野球界だけにとどまらない。

社会人入りが有力視されていた逸材を、強引にドラフト指名する。不快感を露わにしていた社会人側が、根本との話し合いを経て、突然のように軟化することがあった。

時が経って裏事情を取材してみると、西武時代には、親会社の本業である鉄道に関連した仕事を、その社会人チームに紹介することもあったのだという。

他球団と競合した逸材の逆指名をもらった大学から、マネジャーやスタッフも一緒に球団で受け入れたりすることもあった。

人やカネだけではない。野球界を超えた「大枠」で、根本はチーム作りを捉えていた。そうした野球界以外のつながりが、いつか、どこかで、つながってくる。

根本が作り上げた西武ライオンズという常勝軍団は、１９８０～90年代の20年間で13度のリーグ優勝、８度の日本一。圧倒的な力を見せつけた。

その「球界の寝業師」と恐れられた男が、ダイエーの監督に就任したのは１９９２年（平成４年）のことだった。しかも「監督兼取締役」という肩書は、チーム作りの全権を握っているのと、まさしくイコールだった。

１９９５年（平成７年）に、自らの後任監督として王貞治を迎えたのも、根本が直接口説いてのことだった。

その王を支える体制を、根本は構築していく。

小川は、その「根本イズム」を、徹底的に叩き込まれた。

「スカウトの信条」

小川が、根本に教え込まれたという「スカウトの信条」がある。

「歩いていても、他のスカウトより、信号一つ前に行け」

「選手を獲るために、どんどんカネは使え」

いい選手を、先に見つけて、先に獲る。

選手のもとに、足しげく通う。監督や野球部の部長、少年野球時代の恩師ら、その選手を取り巻く関係者らとも、気脈を通じ合えるようにしておく。

ホークスは、どこよりも早く、ウチに来てくれたから。

ホークスが、最初から熱心に、ウチの選手のことを見てくれたから。

情熱を持って接し、時間をかけて関係を築く。

他球団との競争になれば、資金力や待遇面でのアピールも必要になってくる。

「使ってもいいけど、使ったら、使った分の効果。費用対効果だね。使っちゃいけないというのは、保守的な考え方。強くするためには、使わないといけない。勝つために、いろいろと考えて行動するだろ。だから、やりがいはあったよ」

根本も、小川の〝素質〟を見抜いていたのだろう。

球団事務所でスカウト活動のための準備をしていると「ちょっと、飯でも行こうか」

食べながら話すのは、スカウティングの極意といった生々しい話や教訓は一切ない。

小川が「一体、何の話かと思った」という、今でも記憶に残るエピソードがある。

「そのうち、高速道路の入り口にゲートができて、車が通ったら、それが開くようになるんだ。そういう時代が来るぞ」

今では、車に標準装備されるようになった「ＥＴＣ」。しかし、90年代当時には、そんな構想すら、広まってはいない。

未来図を描く。その方向に進んでいく。今は、どの段階にあるのか。

「今」と「未来」とをつなげる「道」を描けるのか。

根本の話を「未来への指針」として考えてみれば、大風呂敷を広げたような、雲をつかむような内容でも、示唆するところは多い。

「そういう話をしながら、俺を見ていたんじゃないかな、と思うんだよ。いろいろなことをホントに教わった。可愛がってもらったよ」

「他の球団のスカウトと、迎合するな」

小川を中心とした90年代のダイエースカウト陣は、脅威の目で見られていた。

巨人とダイエーが出てきたら、他球団はもう勝ち目がないとまで言われたほどだった。

小久保裕紀（前日本代表監督）、井口資仁（現千葉ロッテ監督）、松中信彦（現独立リーグ

香川総監督兼ＧＭ）、城島健司（現福岡ソフトバンク球団会長付特別アドバイザー）、杉内俊哉（現巨人2軍投手コーチ）

他球団との争奪戦を制し、逸材を続々と獲得していく。

根本は、小川を筆頭としたスカウト陣に、何度となく繰り返したという。

「他の球団のスカウトと、迎合するな」

スカウトの世界も、ビジネス界と同じだろう。

選手は「商品」でもある。誰もが欲しい、この品はいいと認めるものは、値段が必然的に高騰していく。そういう選手が、ドラフト1位になるのだ。

その一方で、今はぱっとしなくても、手を加え、磨きをかければ、きっと売れる商品になると見込んだものがある。それが「隠し玉」だ。

下位指名の選手が他球団で活躍すると、野球のプロパーではないフロント首脳からは、スカウト陣に「どうして、あの選手を獲らなかったんだ」という詰問があるという。

知らなかった、ではすまされない。

高校生の時点では球が遅かった。目立った活躍がなかった。周囲が地方に行くのを嫌がった。補強ポイントにうまく合わなかった。

とにかく、うまくいかなかったときの「言い訳」がいるのだ。

「だから、ベテランになればなるほど、手柄を取るんじゃなくて、リスクを軽減しようとするんだ。他のスカウトと一緒に動いて、情報を共有するというんかな。自分の情報が正しいかどうか、すり合わせたりするんだよ」

それでは、埋もれた「金」には気づけない。

己の眼力を信じ、能力を見抜く。人脈を駆使して、その選手を確実に獲る。

それが、小川一夫が骨の髄まで叩き込まれた「根本イズム」だった。

「未来図」を描く

原石を掘り出してくる。それが、スカウトの醍醐味でもある。

九州担当からチーフスカウトへ。要職を順調にステップアップしてきた小川は、3軍制の話が持ち上がってきた2010年（平成22年）当時、スカウト部長を務めていた。

毎年、ドラフト指名は5、6人。多くても10人程度だ。

1位指名が競合した場合、交渉権獲得をかけて、球団同士での抽選が行われるが、2位以降の指名はその年の順位に応じてのウェーバー制となる。

最下位のチームなら、1位指名の12人に続き、13番目に高評価した選手が獲れる。

一方で、ソフトバンクのように、毎年のように優勝争いをし、Aクラスに入るような球団は、2位指名になると、全体の20番目以降での指名になる。

だからこそ、スカウトの「目」が問われるのだ。

「今、花開いていなくても、可能性のある選手はいる。高校時代に頭角を現していなくても、大学や社会人で3年、4年とやったら、ドラフト1位になるだろ？　半分くらい、高校時代には、名前がないんよ。でも、体ができたら、スピードが10キロ、15キロも速くなって、評価が変わる。そういう選手を仕掛けて、早く獲ってしまえと。社会人野球も、チームが少なくなってきたし、進学できない子だっている。だから、必ずいるんだと」

そう語る小川が、2人の投手を例に挙げた。

若田部健一（現福岡ソフトバンク3軍投手コーチ）

1991年（平成3年）のドラフト会議で、超目玉と言われた逸材は、4球団での競合となり、抽選の結果、ダイエーが1位指名に成功した。

プロ通算71勝。ドラフト1位として、期待通りの成績を収めたといえるだろう。

それでも、小川の見方は違う。

神奈川・鎌倉学園高時代には、決して騒がれた存在ではなかった。それが、駒沢大での４年間を経て、他球団と争奪戦になる投手へと成長したのだ。

その「４年間の伸び」を予測するのが、スカウトの仕事だというのだ。

「ウチの若田部だって、鎌倉学園のとき、どんなピッチャーか知らない。その時点で『後の目玉』と予想していたら、高校のときに獲ってる。だから、その前に見抜かないといけない」

もう一人は、伊藤智仁（現東北楽天１軍投手コーチ）

１９９２年（平成４年）に３球団競合の末、ヤクルトが１位指名している。

ルーキーイヤーの１９９３年、前半戦だけで７勝を挙げる活躍を見せ、新人王を獲得。右肩、右肘と相次ぐ故障に悩まされる現役時代だったが、１９９７年（平成９年）には７勝19セーブをマークし、見事に「カムバック賞」を受賞している。

しなやかな右肘のしなりから投じられる鋭いスライダーは「分かっていても打てない」と言われたほどの好投手だった。

小川が伊藤のピッチングを見たのは、社会人の三菱自動車京都時代だったという。

「こんないい投手、いるんや。これ、どこの学校やと」

京都・花園高出身。これも、全国的には決して目立つ存在じゃない。プロのスカウト陣が見過ごした逸材は、地元の社会人チームへと進んでいたのだ。

「ウチの柳田だって、そうなんだよ」

ソフトバンクの主砲・柳田悠岐。広島商時代の高校通算本塁打数は18本。当時の体重68キロのか細い外野手は、成績でも体格でも、全く目立った存在ではなかった。

関東の大学へ進学を希望しながら、セレクションで落ちるという屈辱も味わっている。

しかし、ウエートトレの成果で、年齢を重ねていくごとに、体も大きくなっていった柳田は、広島経済大で広島六大学リーグの首位打者を4回も獲得している。

「なんで、こんなところにいるんだと思ったよ。プレーを見たら、糸井（嘉男。現阪神）ばりやったからね。化け物だった」

打てば、段違いの飛距離。守っても強肩。足も速い。地方の大学リーグで、まさしくけた違いの実力を見せていたのだ。

今、ソフトバンクの主砲だ。獲れたから、それでいいのではない。

小川が悔やむのは「広商にいたのに、なんで獲ってなかったんだと」

若田部や伊藤のケースのように、目立たない高校ではない。なのに、その潜在能力を見抜けなかったのが、スカウトとしての悔いなのだ。

スカウトはかつて、選手の家を訪問した際に、母親のお尻を見ろと教えられたという。

男の子は、女親の血を引くといわれる。

そのために、小川は高校野球の試合中に、こっそりと一塁側や三塁側の応援席近くのスタンドに座り、父兄席の付近に注目するのだという。

「打ったり、活躍したりすると、わーっとなって、周りからこう、声をかけられたりしているだろ？　ああ、多分、この人がお母さんだろうなと。さりげなく見るんだ」

母親の体つきから、推測するのだ。これなら、しっかりとしたトレーニングをして、栄養バランスも考えた食事を摂取していければ、立派な、プロの体になる。

そうした、ありとあらゆる要素を踏まえた上で「未来図」を描く。

「それが、スカウトの仕事なんだよ」

成長したのを確認して獲るのではなく、成長する伸びしろを見抜き、そこに他球団が気づく前に、先に獲ってしまう。

その〝先物買い〟で獲得した選手を、３軍で育て上げようというわけだ。

スカウティングの候補者リストは、時期ごとに絞り込んでいく。

高校なら甲子園のセンバツ大会、大学なら春のリーグ戦、社会人も各地の春季大会などの実戦チェックを通して、４００～５００人のリストから、まず１００人くらいになる。

夏の終わりには、指名を前提とした上での実力チェックになる。これが50人近くにまで絞り込まれる。

秋は、上位、中位、下位。同じような実力の選手を他地区のスカウトが見に行く「クロスチェック」を経た上で、チーム事情も踏まえて、評価のランク付けを行う。

そうやって、ドラフト指名する選手を厳選していくのだ。

３軍制構想を小川が打ち明けられたのは、その絞り込みも終わっていた時期だった。

一芸に秀でた選手

育成選手を増やし、３軍で鍛え、育て上げる。

小川はかねてから「育成選手を増やせばいい」と考えていたという。

練習場所、試合数の確保。

そうした人数増加に伴っての問題が起こるのは、分かり切ったこと。ゆえに、小川の持論は、育成選手でも「投手をたくさん獲ればいいと思っていた」という。

「極端な話だけど、ピッチャーだったら、ブルペンがあって、体作りができる施設とかがあったら、十分に育てられるしね」

野手なら、打撃練習やノックを受けるために、グラウンドなり、室内練習場なり、それなりの広さのグラウンドや施設が、どうしても必要になる。

しかし、投手なら、まずはピッチングができるスペースさえ確保できればいい。ランニングやウエートトレーニングは、球団以外の外部施設も使えるだろう。実戦感覚が必要なら、1軍や2軍の試合前に、フリー打撃で投げたりする方法だってある。

「獲ってくるのが、試合を組むための目的なら本末転倒。選手を育てるためだからね」

その哲学は、育成選手の指名ぶりに表れている。

育成ドラフトが発足した2005年（平成17年）以降、ソフトバンクが指名した育成選手は、2018年（平成30年）までの14年間で58人。うち、高校生は32人だ。

一方、巨人が指名した育成選手は、同じ14年間で69人を数える。

ソフトバンクが3軍制を稼働させた2011年（平成23年）に、巨人も育成強化のコンセプトで「第2の2軍」を持っていた。

しかし、現場から「もっと練習させたい」という育成方針への不満、「第2の2軍」の発足から2年間、1軍に昇格する選手を輩出できなかったことへの疑問、さらには当時のオーナー・渡邉恒雄と球団代表・清武英利が対立、その育成構想を推進してきた清武の退団などから、２０１３年（平成25年）のシーズン後、いったん「第2の2軍」を解散している。

　巨人が3軍制を再開したのは、２０１６年（平成28年）のことだ。

　その前年のドラフトで育成指名した8選手のうち、独立リーグから7人を指名している（うち1人は入団拒否）。試合をするための体制作りに重点を置くと、どうしても、独立リーグでプレーしていたような〝出来合いの選手〟を集めがちになってしまうのだ。

「巨人は、高校生が少ないんだよ。3軍で、まず試合をするチームを作ると考えると、こうなってしまうわな。独立リーグとかから獲ってしまう。それはナンセンスだよ。育成の選手を獲るのは、そこから『ドラフト1位』になるような選手を作るために、先行投資すること。獲ってきて、試合を組むのではなく、育てるんだよ」

　小川が言うように、ソフトバンクは14年間で、大学、社会人・クラブチーム、独立リーグから獲得した育成選手は26人。２０１６年は高校生のみ6人の指名。巨人が、同期間に独立リーグから44選手を獲得しているのとは対照的でもある。

　ただ、巨人にも「3軍＝育成」のコンセプトが浸透してきたのだろう。

２０１８年（平成30年）の育成指名４人は、すべて高校生だった。

１位指名だった外野手の山下航汰は、群馬の強豪・高崎健康福祉大高崎高出身。小川が「ウチもマークしていた」という逸材は、早々とその素質を花開かせようとしている。

２０１９年（令和元年）７月には、巨人の球団史上初となる高卒１年目で育成から支配下登録され、１軍でも２安打をマークした。

イースタン・リーグでは打率・３２２で首位打者にも輝いている。

「巨人も、とうとう気づいたんだなと思った」

小川は、３軍制の成果が出始めてきている巨人への警戒心を露わにする。

「場所がないなら、投手だけでも獲る。それって、発想力なんだよな。『ホークスだからできる』『金のないチームにはできない』とか、そういう表現、あるだろ？　それ聞くと、言い訳ばっかりだな、成長せんな、と思うね。勝ちたい。ならどうしたいんだ。真剣に考えていけば、アイディアは出るもんだよ」

だから、小川は「３軍制」に、心が動いたのだ。

何か、一芸に秀でていれば、育てがいがあるんじゃないのか。

そこで例年なら、甲子園の夏の大会が終わった頃には指名候補のリストから外れているような選手たちに関しても、3軍発足に際し、スカウト陣がもう一度、再評価してみることになったのだ。

人事交流

そうした急ピッチの動きの中で、小林は「もう一つの提案」を、小川に試みていた。

「いっそのこと、2軍監督をやりませんか？」

ミーティングの後、ほろ酔いで乗り込んだタクシーの車中で、隣に座っていた小川に、小林はそう〝就任要請〟したという。

言い方はやんわりとしていたが、小林は本気だった。

3軍発足と合わせて「新人事システム」にも着手したのだ。

「どうしても、フロント対現場になる。この伝統、因習を打破したかったんです。いくら仕組みを作っても、現場のコーチにそのフレームワークを理解してもらえない。でも、現場で技術を教え込むのは、コーチなんです。だからこそ、ぐるぐる入れ替えようと。一夫さんは、どういう方針で育成するのかを、すぐに理解してくれましたから」

フロントと現場の人事交流。これも、小林流改革の一つだった。

獲ってきた選手を、育てる。

アマ時代のことを知る当事者が、育成に携わる。

スカウト部長から、2軍監督への転身。

それは「3軍制」というコンセプトを象徴する人事の目玉ともいえた。

そこには、小川の師である根本陸夫の〝教え〟も息づいていた。

かつて、ダイエーのスカウト陣は、背番号のないユニホーム姿で、2月のキャンプ時にグラウンドに立っていたことがあった。

「獲ったら、おしまいじゃない」

根本は、スカウト陣にそう告げ、ユニホームを渡したという。

2月中旬になると、大学や社会人のキャンプも始まる。指名候補になりそうな有力選手がいるチームに視察に出向くのは、スカウト陣にとっては重要な仕事でもある。

「まずは、自分のところのチームを知ることだ。知らないと、選手は探せん」

根本の狙いは、明確だった。

自分が担当した選手が、キャンプというプロ生活の第一歩を記す場に寄り添う。

緊張感もあるだろう。張り切り過ぎて、オーバーワークになるかもしれない。ちょっとした筋肉の張りや痛みも、我慢してしまうかもしれない。

そうした新人時代のケガや故障が長引き、後々まで響いて、不本意なままプロ生活を終えてしまうケースだって、いくらでもあるのだ。

アマ時代のプレーを見続けてきたスカウトたちは、選手たちの特徴も、性格も、さらにはウィークポイントも知り尽くしている。

コーチ陣に、そうした注意すべきポイントを伝え、選手にもブレーキをかける。スカウトに、アマからプロへの移行時期ともいえるキャンプで、その〝橋渡し役〟をさせたのだ。

小川は、そこにスカウトとしての重要な「教訓」が隠されているという。

「スカウトは『外』からの目線に、どうしてもなってしまう。思ったように伸びない選手もいれば、思った以上に伸びる選手もいる。伸びた要因、ダメだった要因。それらを、きちんと、振り返っておかないといけないわな」

獲ってきた選手が伸びなければ「コーチが悪い」とスカウトが言い、コーチ陣はスカウトに対して「こんな選手、なんで獲ってきたんだ」と反論する。

不毛な責任のなすり合い。選手が伸びてこない最大の障壁でもあるだろう。

現場否定ではなく、現場とともに歩んでいく。

だからこそ、人事交流も育成システムも、球団全体で共有するのだ。

スカウトだった笹川隆は、3軍発足と同時に「守備走塁コーチ」に就任した。

選手が足りなくなれば、特例で「試合に出る」という条件付きでもあった。3年間、3軍コーチを務めると、続いて選手寮の「寮長」を3年間務めている。

その後、２０１７年（平成29年）から再び、3軍の内野守備走塁コーチを務めている。

森浩之は3軍発足と同時に、2軍バッテリーコーチから3軍へ移行。２０１３年（平成25年）から4年間、スコアラーとしてソフトバンクの戦いぶりを見つめ、分析してきた。

２０１７年（平成29年）からは1軍作戦コーチとなり、２０１９年（令和元年）には1軍ヘッドコーチに昇格。3年連続日本一を支える参謀役を見事にこなしている。

元南海、ダイエーの内野手だった3軍初代監督の小川史は、就任前年の２０１０年（平成22年）まで、楽天で他球団の選手を分析、トレードやFAに備える「プロスカウト」を務めていた。

3軍発足時から3軍監督を3年務めると、２０１４年（平成26年）には、監督の秋山幸二のもとで1軍ヘッドコーチを務め、3年ぶりの日本一奪回に貢献している。

その「初代３軍監督」に、当時の思いを尋ねたのは、ソフトバンクの「プロスカウトチーフ」として、再びフロント業務に戻っていた２０２０年（令和２年）２月の宮崎キャンプ中のことだった。

「がーっとすくって、その中に一粒でも『金』があれば、というイメージだったね。前例がないことばっかりだし、逆にやりやすかったよ。過去に縛られなくてもいいし、過去のマニュアルだってないわけじゃない？　結構、面白いな、と思ったよ」

新組織の初代監督など、その職務を明確にイメージすることすら難しいはずだ。それでも小川には、コーチ歴、そしてフロントマンとしてのキャリアが豊富だった。

「スカウトの立場だと、ドラフトで指名するのに、最初から（契約金という）大枚はたいて獲るわけじゃない？　リスクあるわな。本指名でも６人くらい獲って、そこから４、５年たって、主力級が１人出たら、それだけで大成功って言われる。ダメになる選手もたくさんいるのがこの世界。じゃあ、一芸に秀でているとか、ドラフト指名はしんどくても、運動能力が高い選手だから育ててみようかと。その『場』を与えて、経験させることができる。そうした『場』を与えやすいのが、３軍制の良さでしょう」

第４章で言及するが、３軍は発足初年度から、独立リーグの四国アイランドリーグｐｌｕ

sとの交流戦を行うことになった。選手たちは福岡から四国各県まで、バスで移動する。場所によっては、片道8時間近い長旅を強いられる。そこで小林は、小川やコーチ陣に対しては「新幹線など、鉄道を使って移動してください」と通達したという。

移動時の疲労を、少しでも軽減してもらおうという配慮からだ。

ところが、小川の方から「われわれもバスで行きますよ」と逆に提案してきたという。

「そのあたりは、教育が必要だろうと思ったんだよ。みんなで行こうと。まあ、最初はバス1台だったから、みんなぎっちぎちで座っていたけどね」

3軍監督の小川自ら、移動時にはTシャツとジャージ姿。首に巻く「ネックピロー」と「座布団」は必需品。「慣れたもんやで、もう」と笑いながら、乗降口に最も近い、左の最前列という〝監督の指定席〟に座る姿を、しょっちゅう見かけたものだ。

「試合をする場、経験を積む場ができて、あとは人間性教育なんだよね」

コーチとして、さらにフロントマンとしての経験を積んでいく中で「若手選手育成」という意味合いを、肌感覚で理解していた上での〝提案拒否〟であり、野球界の〝仕組み〟を熟知していたからこそ、小川も新たな挑戦にもやりがいを見出せたのだ。

そうしたエキスパートたちを、小林は集めようとしていた。

「ちょっとうれしいですよね。やろうとしてきたことが、否定されていない。コーチがスコアラーになって、またコーチ。そうあってほしいなと思っていましたし、そういう『人』が、財産なんですから」

小林が注入した「人事交流」というコンセプトは、今も球団に息づいている。組織を知る。育成を理解する。現場オンリーの職人ではなく、組織を俯瞰的に見る視野を持ち合わせなければならない。

令和の新時代では、これが当たり前のコンセプトになっているのだろう。

「ええピッチャーがおるんです」

編成のトップが小林、その下に永井。2軍監督に小川一夫、3軍に小川史。

その全員が「元プロ野球選手」だった。

しかも、「3軍1期生」を獲った責任者が、2軍監督になる。

新システムの発足に際しての、組織としての決断としてもうなずける。

30年ぶりにユニホームに袖を通すことになった小川も、意気に感じたという。

「2軍が、これから『キー』になると思ったからね。面白そうだったし、現場に戻ってもう一回、選手を見る目を鍛えようと思ったんだ」

アマ時代の実績、期待値、持てる潜在能力。そのすべてを掌握していた小川が、1軍と3軍をつなぐ部門の長に座る。

「育成強化」というコンセプトを共通認識に、3軍制の骨格が固まりつつある頃だった。

小川のもとに、一本の電話が入った。


「ええピッチャーがおるんです。ちょっと見に来てくれませんか?」

電話の主が告げた選手の名は、ソフトバンクの指名候補リストの中に入っていなかった。

ドラフト会議まで、もう、あと1か月を切った頃だったという。

その時点で、全く知られていないような逸材など、果たしているのだろうか。

ただ、小川には確信があった。

「あの人が言うんだから、間違いないわ。ちょっと見てきてくれ」

小川は、部下のスカウト3人を、急遽派遣することにした。

目指す場所は、愛知県蒲郡《がまごおり》市。

それが「千賀滉大」という、超逸材との出会いだった。

第３章　名古屋の運動具店

無名中の無名の存在、千賀滉大

スカウトたちがドラフト指名候補のリストアップを行う際、指名を決断できるほどのパフォーマンスや秀でた特徴を見出せず、その時点では「実力不足」と判定するケースがある。ドラフト指名が再び可能になるまでの期間、高校生なら大学での４年間、社会人での３年間、大学生でも社会人での２年間や独立リーグでプレーを続ける中で、さらなる成長に期待する。

つまりは「経過観察」をする選手として、今後もマークを続けることにする。

これを「ワンクッション置く」と表現する。

小川は、その間の成長を予測し、大学や社会人など、一つ上のカテゴリーに進む前に、先に獲ることこそが「スカウトの仕事」だと断言する。

だから、ピンときた。

「このピッチャー、大学に行くんか？」

部下のスカウトたちが撮影してきた投球の映像を見た瞬間、小川は衝撃を受けたという。

バランス感のあるフォーム。右肘のしなりも、左足のステップの仕方もいい。

無名の公立高校。ゆえに、トレーニングもまだ本格的にやっていない。

鍛えれば、体ももっと大きくなるだろう。

「大学に行ったら、４年後、これは獲り合いになってしまう。それくらいの素材だと思ったね。だから、もうこの投手は獲っておこうと」

「ワンクッション」を挟めば、この投手はとんでもないことになる。

だから、獲る——。

小川が、即座に獲得を決断した逸材こそが、千賀滉大だった。

千賀はいまや、ソフトバンクの「育成」と「強さ」の象徴ともいえる存在だ。

日本を代表する最高峰のピッチャーの一人だと言っても、決して過言ではない。

２０１７年（平成29年）の第4回ワールド・ベースボール・クラシック（ＷＢＣ）４試合・11回を投げ、わずか1失点。奪三振16、防御率は1点台を切る０・８２をマーク。日本代表の中でただ一人、大会の「オールスター・チーム」として3投手が選出されるその1枠に、千賀が入っている。

２０１９年（令和元年）９月６日の千葉ロッテ戦（ヤフオクドーム・当時）では、令和の新時代として初となるノーヒットノーランを達成。巨人との日本シリーズでも、３年連続となるシリーズ開幕投手を務め、７回１失点の好投で白星を飾った。

千賀が勢いをつけたチームは、無傷の４連勝で３年連続日本一を達成する。

まさしく、鷹のエース。

こんな逸材が、高校３年時の２０１０年（平成22年）のドラフト会議直前まで、その候補から漏れていたのだ。

他球団でもリストアップすらされていなかった、無名中の無名の存在だった。

３軍を創る。だから、育成選手を増やす。

その「枠」を広げたとき、小川のもとに「千賀滉大」の情報がもたらされてきた。

「あの人が言うんだから、一回、見てみようか、ということになったんだ」

小川が懇意にしていた、名古屋のスポーツ店の店主。

プロのスカウトではない男からの情報を、わざわざ確かめてみる。

「どこかに引っかかってこないといけない。引っかからなければ、人脈じゃない。そのための人脈だし、だから『スカウト網』って言うんだよな」

シーズンの疲労から、２０１９年11月に開催され、日本が世界一に輝いた「プレミア12」の侍ジャパン入りを辞退していた千賀は、疲労回復を主眼に置きながら、さらなるレベルアップを目指し、宮崎での秋季キャンプに参加していた。

激闘のプレッシャーから解き放たれた、落ち着いた時間が流れる宮崎で「育成選手・千賀滉大」を振り返ってもらう時間を取ってもらった。

「運と巡り合わせですよね。ホークス的にも、3軍制がなかったら僕を獲っていないでしょうからね。タイミング、そして運。すごく感じます」

3軍制ができていなければ、千賀滉大はソフトバンクに来ていない。

大学に行っていたら、今の千賀滉大になっているかどうかも分からない。

小川が、名古屋からの情報を握りつぶしていれば、千賀滉大は日の目を見なかった。

すべての「たら」と「れば」を打ち消したことで、千賀滉大の「今」があるのだ。

「ベースボールショップ西正」

名古屋市営地下鉄・東山線。

地下鉄の路線図で見れば、名古屋を真ん中に、中央を右から左へ貫くように、黄色のラインで示されている。

最も左に位置する「高畑」は、名古屋駅からおよそ12分。西の終点にあたる。

その高畑駅から、西へおよそ１・５キロ。

「ベースボールショップ西正」は、閑静な住宅街の中にある。

１９７９年（昭和54年）に、この地で創業された野球用品店だ。

高校、大学、社会人のチームのユニホームや帽子、そろいのＴシャツやバッグなどの注文を受ける出入り業者といえば、そのイメージが湧くかもしれない。

だから、高畑の店頭で、グラブやバットを売っているわけではない。

「ほとんど外商ですね」

２代目の店主である西川史時も、普段は車に乗って、愛知県内の高校や大学を足しげく訪問し、選手や監督からの要望を受け、注文を取ってくる。

2男1女に恵まれた正二《まさじ》の長男にあたる史時は、１９７７年（昭和52年）生まれ。会社員生活を経て、２０００年（平成12年）から、実家の仕事に就いた。

父のことは「先代」と呼ぶ。

西川正二を縮めて「西正」。店の屋号は、だから「西川正二の野球店」

その「ニシさん」と親しまれた野球人が生んだ「伝説」がある。

千賀の情報を小川に伝えた西川正二の長男、史時

千賀滉大という逸材を発掘し、ソフトバンクに「いい投手がいる」と連絡した——。

その『真相』を確かめるべく、私は名古屋へ足を運ぶことにした。

正二は、三重・鈴鹿高から愛知学院大で、投手を務めていた。

東芝三重へ入社すると、軟式野球部のエース兼4番打者の「二刀流」で活躍。三重県代表選手として、国体にも出場している。

現役引退後に東芝三重を退社し、高畑で「ベースボールショップ西正」を開店した。仕事柄と正二の野球愛も相まって、アマ野球の関係者、高校、大学の監督たちと、すぐに気脈を通じるようになった。

大学や社会人の関係者が、正二に尋ねる。

「どこかに、いい選手、いませんかね？」

すると、正二が普段出入りしている学校の選手や、そこで得た情報を伝える。いい選手がいると聞けば、実際に足を運んでみる。

そうした「パイプ役」を、喜んで引き受けていた。

愛知県をはじめ、東海地区で高校野球の夏の予選が始まると、仕事の合間を縫って、それこそ、１回戦レベルから球場に足を運び、熱心に試合を見ていたという。

仕事にも、もちろんつながってくる。ただ、それ以上に、野球好きが高じたマニアックさで、いつしか、愛知を中心とした東海地域の逸材の「情報通」になっていた。

その〝ニシさんの情報〟に目をつけたのは、西武だった。

正二はいつしか、西武のスカウト陣が名古屋へやって来ると、球場や学校への選手視察にも同行するようになり、夜は酒席を共にしながら情報交換をするようになっていた。

その正二からの情報で、西武が獲得した「隠し玉」の一人が、同朋大・豊田清（現埼玉西武１軍投手コーチ）だった。

１９９２年（平成４年）のドラフト３位指名。

同朋大は、豊田が入学した当時は、愛知大学リーグの２部に所属していた。失礼を承知で記すが、野球に関して、全国的に名の知られた大学ではない。

豊田は、同朋大を１９９１年（平成３年）に１部リーグに引き上げる原動力となった。

プロ入り後は、西武で最優秀救援投手に２度輝き、巨人、広島でも活躍。プロ17年間で５５８試合登板、66勝１５７セーブを挙げている。

豊田は、正二と同じ三重・鈴鹿高出身でもあった。

そうした隠れた逸材を見つけるルートの豊富さはもちろんだが、能力を見抜く「目」の確かさと、それを熱心に追い続けられる「根気」は、豊田の成績でも証明されている。

西武のスカウト陣は、正二の情報を重宝した。

「毒島さん、長谷川さん。こちらにいらっしゃったら、先代は必ず、声をかけてもらっていました。情報交換をしていたんでしょうね」

史時は、正二がしょっちゅう、携帯電話で話している姿が、印象に残っているという。

さらりと出てきた名前が、大物過ぎて驚いてしまう。

毒島章一は、東映フライヤーズの外野手として18年間プレー。主将も務め「ミスターフライヤーズ」と呼ばれた名プレーヤーだった。根本陸夫の右腕として名をはせ、巨人と争奪戦になった松沼博久・雅之兄弟を、そろって西武に入団させた敏腕スカウトだ。

長谷川一夫も、大毎オリオンズ、ロッテ、西武で主に外野手として活躍。現役引退後は、西武で長くスカウトを務めていた。

そうしたベテランスカウトたちが、正二のような「地元の野球通」を大事にし、スカウト網を、地道に広げていたのだ。

その毒島や長谷川のやり方は「根本イズム」の一環でもある。

メジャーの世界だと、広い全米大陸で、１人のスカウトが逸材を漏らさずカバーすることなど、まずもって不可能だ。そこで、メジャー球団のスカウトたちは、情報源として「バードドッグ」（日本語訳だと「猟犬」）と呼ばれる「協力者」と提携している。

協力者は地元で、パートタイムの「兼業スカウト」を務めるのだ。エリアを絞って逸材をくまなくチェックし、その情報を上司のスカウトに届けるわけだ。

西川正二という「バードドッグ」の「目」は確かだった。

第2章で言及したように、小川は、根本の愛弟子の一人でもある。

だからこそ、市井の運動具店の正二との関係を、西武がいかに大事にしていたのかも、手に取るように分かったのだ。

「あのあたりのええ選手の情報を、西武が持ってたんだよ。こんな選手、何で知ってるんだろう、何でだろうと思ったら、そういうことだったんだ。ああ、あの人だなと」

毒島や長谷川ら、正二が懇意にしていたスカウトらが高齢になり、第一線から外れたことで、その〝西武ルート〟が、いつしか途絶えていたという話も、小川は聞きつけていた。

だから、小川は「ニシさんのルート」を、獲りに行ったのだ。

「小川さんも、名古屋に来られたら、必ず先代に声をかけていただいていました」

史時が証言する。酒席を共にし、担当スカウトも同席させ、正二の話に聞き入る。

プロのスカウトが、運動具店の店主の話に、真剣に耳を傾けるのだ。

小川も、正二も、野球の話が、そしていい選手の話が、何よりの肴なのだ。

電話魔

ところで、史時との取材の中で「電話」に関して、話が盛り上がった。

私にも、同じような経験があった。

高校や大学の監督、さらにはプロ野球選手。仕事柄、一緒に食事をする機会もある。話の中で、共通の知り合いが出てきたりする。すると、十中八九、野球人たちはその場で電話を始めるのだ。

「今、お前の話をしてたんよ。記者さんも一緒なんだけど、その記者さんも、お前のことを、よく知ってるって」

そうやって、電話を渡される。

「あるある、ですよね」と史時は何度もうなずいた。

「夜中でも、電話していましたね。酔っ払ったら、よくしていたよな……。電話魔です。しかし、あれはなかなか、理解しがたかったですね」

その〝電話魔ぶり〟から推察できるように、正二は根っからの野球人だった。

高校の監督が、進学させたい大学や就職先として社会人チームに選手を紹介してほしいと頼んでくる。早速知り合いに電話を入れ、その話を正二がつないでいく。

大学の監督から、いい高校生を知らないか、問い合わせが入る。すると、そのプレーぶりを確かめるため、監督に同行し、仕事の合間に試合や練習を視察に行く。

毎年、2月になれば、プロ野球のキャンプ視察で、沖縄や四国を巡っていく。6月になったら、東海地方の各県で行われている高校野球の県大会も見て回る。スポーツメーカーの知り合いもいる。顔見知りで、情報交換をするスカウトは、それこそ各球団にいる。そこで、また別のスカウトにも紹介される。

東海地域の詳細なアマ野球事情で、正二に敵う者はいなかった。

出入りする高校が甲子園に出場する。すると、用具の新調や手入れのため、正二も自分の仕事として、甲子園に行くことになる。

ネット裏のスタンドには、毎日、プロのスカウトたちが視察に訪れている。

正二の姿を見ると「ニシさん、話、聞かせてくださいよ」

途端に、各球団のスカウトたちが取り囲むのだという。

「お前の父ちゃん、すごかったぞ」

知り合いのスポーツメーカーの社員たちから、史時は〝囲まれる正二〟の話を、何度となく聞かされたという。

「スカウトと一緒に、仕事をしていましたね」

週末は「名古屋東シニア」の監督として、グラウンドに立ち、子供たちに野球を教えていた。その指導歴は30年近くにわたった。

仕事も、仕事以外の時間も、正二の日々は野球一色だった。

「億を稼ぐ選手になる」

その情報通の正二が「千賀滉大」の話をキャッチしたのは、２０１０年（平成22年）の秋が深まり始めていた頃だったという。

「詳しくは、分からないんですけどね」

史時が、そう前置きして話してくれた〝出会いのきっかけ〟を記してみる。

愛知県立蒲郡高。

甲子園出場経験なし。千賀が3年生のときも3回戦敗退に終わっている。

その〝最後の相手〟は岡崎商。こちらも同じ県立高で甲子園出場はない。

このレベルの試合だと、よほどの逸材がいるといった評判でも立っていなければ、プロのスカウトが見ることもない。

だから、千賀の〝ラストプレー〟は、プロの目にも留まっていない。

千賀は、関東地方のある大学へ進学することが決まっていたという。

正二は、愛知県内をはじめ、東海地方の複数大学の監督たちから「どんな投手か、分かりませんか?」と何度となく、聞かれたのだという。

「球は速いらしいんですよ。でも、コントロールはバラバラだとか」

それなりの評判は聞こえてきた。ただ、どんな選手か、誰も知らない。そうしたミステリアスな、無名の選手の情報は、何とも気になる。

地元の逸材を、みすみす流出させたくない。もし、それなりのレベルの投手なら、地元に引き留めたいという思いも、監督たちの中にあったのだろう。

そこで正二は、蒲郡まで視察に出向いたのだという。

別にプロのスカウトでもない。それでも見に行く。

それだけ野球が好きでたまらない。しかも、逸材と聞けば、見たくてしょうがない。

名古屋市内から、車で片道2時間。

無名の高校生のピッチングを見に行く。その情熱と行動力が、正二の凄さでもある。

「おそらく、見て、帰ってきたときでしたね。確か、そこですよ」

史時は、右手で私の座っていた背後を指さした。

入り口のドアを開け、店に帰ってきたその瞬間だったという。

興奮を隠し切れない正二は、玄関口で早速、電話をかけ始めた。

肘の使い方、足の使い方。間違いなく一級品だぞ。

あいつは、もう少ししたら、億を稼ぐ選手になる。

「いろんな選手を見てきたと思うんですけど、あれが最初で最後でした。活躍するとか、そういうのじゃなくて『億を稼ぐ選手になる』って。そういうことを言ったのは、後にも先にもなかったですね。初めてのことでした」

プロのスカウトに、大学の関係者に、ありとあらゆる知り合いに、正二はうれしそうに電話をかけ、自分が見た「千賀滉大」という逸材のことを、力説し続けた。

史時は、正二の弾む声を、今も、くっきりと覚えているという。

愛知県立蒲郡高。

1912年（大正元年）創立の公立高に、甲子園出場経験はない。

千賀がいた最後の夏も、県大会3回戦止まり。2年夏は1回戦、1年夏も2回戦敗退。

故障がちで、三塁との兼任。

プロで161キロを投げた右腕も、高校では140キロを少し超える程度だったという。

高校時代の実績も、それこそゼロに近い。

「誰や?」と言われるような無名投手の潜在能力に、正二は惚れ込んだのだ。

電話魔による、電話攻勢が始まった。

正二はまず、東北楽天のスカウトに声をかけた。

東海地方の担当スカウトは、正二がかつて、プロ入りへの橋渡しをした選手だった。

その恩人に「いい投手がいる」と言われれば、もちろん、見に行く価値がある。

しかし、ブルペンで投げる姿に「ちょっとこれは、育成でも無理です」

スカウトの名誉のために、あえて触れておきたい。

それは、見る目がなかったというのではない。ドラフト直前で、指名リストもある程度固まっている時期でもある。追加で選手を獲るのは、資金面や選手枠の問題もある。

スカウトの年齢や年次による球団内での発言力にも、大いに左右される部分はある。

各球団の事情にも、様々なものがある。

それでも、正二は己の目を信じていた。こんなことでは諦めない。

続いて、懇意にしていた千葉ロッテのスカウトにも連絡を入れた。

こちらの反応も芳しくなかった。ブルペンで投げる姿を見て、正二にこう告げたという。

「まあ、大学か社会人に行ってから、ですね」

つまり、そのスカウトは「ワンクッション」と判断したのだ。

正二は、それでもめげない。

俺には、分かっている。これは絶対に、一級品の素材だ。

「ソフトバンクは、どうなんだろうな」

そう言って、小川に連絡を入れる正二の姿を、史時は見ていたという。

「ニシさんが言うんだから、間違いない」

小川は、3人のスカウトを即座に、蒲郡高へ送り出した。

当時、チーフスカウトだった永山勝は、ブルペンで投げる千賀の姿を見て「ホントによかったですね」とその印象を語ってくれた。

「肩関節の柔らかさがありました。素材的には、下位指名でかかるくらいの位置にいました。でも、世には出ていない。全然知られていなかったですね」

永山は「すごいのがいました」と報告すると、映像を持ち帰って早速、小川に見せた。千賀のピッチングを一目見た瞬間、小川は正二へ電話を入れた。

「ニシさん、ウチが育成で千賀君、獲るよ」――。

90番目の指名

全くのノーマークの存在。高校時代に目立った実績もない。

他球団がひそかに動いているとか、大学に行くという情報を流して、囲い込んでいるといったウワサすらもない。

そもそも、ソフトバンクの最終候補にも、最初は名前がなかったのだ。

そのとき、運動具店の店主が「いい」と言ってきた。

こうした状況を踏まえて、九州の球団が出張費を使って、部下を派遣して、愛知まで調査に行くのか。

正二のことを知らなければ、その情報すら疑わしく感じる。プロのスカウトでもない、真偽のほども確かではない、悪い表現を使えば、単なる〝タレコミ〟に過ぎないのだ。

蒲郡まで足を運ぶための費用も時間も「無駄」と判断したところで、誰もとがめない。

だからこそ史時は、正二の情報をもとに、小川が即座に千賀の育成指名を決めたことに驚きを隠せなかったという。

「小川さんに、先見の明があったというのか、ほんと、勝負師ですよね」

後に千賀がブレークして、侍ジャパンにも選ばれるようになった頃、史時は愛知県内の高校の監督たちと会うたびに「ニシさん、すごかったな」と改めて感心されるのだという。

「あそこまでなるとは思わなかった」

「ニシさんが紹介したと聞いていたけど、さすがに無理だろうと思った」

育成枠を広げる。3軍を創る。だから、選手を増やさないといけない。

そこに「千賀滉大」という無名の逸材の情報が、飛び込んできた。

だから、ソフトバンクは見に行った。そして、獲った。

そこには、正二と小川の「絆」があった。

小川は「ニシさんの目」を信じていたのだ。

「ドラフトの下位で指名してもいい素材だった。でも、ウチ以外に調査書を出していないんだから、絶対に獲れるわけだ。だから、後ろの方でもいいと」

育成ドラフト4位指名。全体で97人が指名された中で、90番目の指名。

ドラフト会議はＣＳで生中継されていたが、千賀滉大の顔写真も資料もなかったという。

千賀は、周囲から「大学に4年行ったら、ドラフト1位になれるかもしれないよ」と、もっぱら、進学を勧められていたという。

「野球人として、成長できればという考えでした」

当時の「自分」を思い浮かべながら、千賀が〝決断の理由〟を明かした。

「自信がないこと、実力もないこと。そこには自信がありました。でも、高校では情報も知識もなくて、１３０キロが出る。それなりの環境で、しっかりとした知識で練習できればと、高校生なりに思っていました。だからこそ、そこ（プロ）に入れば、自分自身、やれることがたくさんあると。伸びしろしか見えていませんでした」

その発想から導かれたのが「プロ入り」の結論だった。

「だから、2軍とか3軍とか、その括りは関係なかったです。3軍のことも、全然知らなかったですしね。『3軍を作るんで』って（プロに）入って、それでした」

置かれた環境によって、人間の考え方は影響を受け、変わってくる。

見える景色も違ってくれば、受ける刺激も違ってくるだろう。

誰にも知られていなかった素材の開花は、想像以上に早かった。

予想を遥かに超えるスピードで成長

２０１１年（平成23年）６月、２軍対3軍の練習試合が組まれた。

育成ルーキーの千賀が、３軍の先発を託された。

「もちろん、覚えています。感覚も覚えています。キャッチボールでも、ブルペンでも分かりました。いきなり来ました」

試合開始直後の初球、１４９キロ。

投げた球が「自分で投げた気がしない」と小川に思わず伝えたほどだった。

「10キロは速くなっていたんです。まずはうれしかったです。単純に、数字を聞いてうれしかった。それが成功体験になって、やったらやった分、返ってくる。それが下地になったと思います」

背番号１２８。その1年生が、いきなり1軍クラスの剛速球を投げたのだ。

「もう、2軍のバッターが打てんようになってたもん」

小川も、その成長曲線に仰天したという。

その年から部長の小林至とともに編成育成担当として3軍の創設に携わり、２０１８年

（平成30年）からは部長を務めている永井智浩は「正直に言えば、こんなになるとは思わなかった」と打ち明ける。

永井自身も、かつてドラフト1位指名で入団、エースの座を張った右腕だ。

「高校のとき、１４０キロくらいでしょ？　右のオーソドックスなピッチャーですしね。ズバ抜けていたとか、よくこんな投手がいたよな、とかいうのはなかった」

ただ、右肘のやわらかさ、その〝しなり〟が目を引いたという。

それに加えて「よくメシ、食っていましたね。それで、体がでかくなっていきました」

永山は「走っとけ、メシ食っとけ。放牧でしたね」と当時の「育成方針」を、笑いながら、そう表現してくれた。

千賀は、入団時の75キロから、プロでの1年間で81キロまで体重を増やしている。

小林と小川は、球団内の反対の声も押し切り、バーベルの日本チャンピオンを臨時コーチとして招聘し、トレーニング部門を強化した。

当時、エースとして君臨していた杉内俊哉が、社会人の三菱重工長崎時代に師事、その効果は絶大で「いいと思いますよ」と、小林や小川のプランに賛同したという。

トレーニングを積んで、プロの体を作る。そのために食生活も変える。

「強い練習をやってきていないわけじゃないですか。そこに食だとか、練習だとかのレベルをカクンと上げたときに、投手としてのレベルも上がるんですね。だから、体も大きくなってきたし、球もみるみる間に速くなって……。今、ウチのエースになっているから、やっぱりすごかった、ということになるけど、入ってきた当時は、こりゃ、ごっついのが来たぞという風には、なってなかったですね」

永井が指摘するように、プロという「環境」に初めて身を置いたことで、千賀の潜在能力に、そのエキスがぐいぐいと吸収されていった。

だから、周囲の予想を遥かに超えるスピードで、その成長が促されていったのだ。

「日本代表になる」

千賀のルーキー当時、ソフトバンクの1軍の先発ローテーションを務めていたのは、杉内俊哉、和田毅、攝津正、デニス・ホールトンの4本柱だった。

杉内は、その前年まで4年連続2桁勝利。和田も前年に17勝で最多勝、この年も16勝をマーク。攝津も前年まで2年連続70試合登板のセットアッパーで、この年から先発に転向し14勝。ホールトンはこの年19勝で、東北楽天・田中将大（現ニューヨーク・ヤンキース）と並び、最多勝のタイトルを獲得している。

育成選手の立場で、こんな豪華な顔ぶれがそろう「１軍の先発ローテーション」に割り込んでいく自分の姿など、全くもってイメージできるはずがない。

むしろ、無力感すら覚えてしまう。

「１軍が強すぎて、遠くに見えました。１軍があって、そこから離れて２軍。２軍でもこんなにすごい。めちゃくちゃに遠い。それが、３軍の良さかもしれないです。１４９キロだって、あの人たちには普通。そういう脳みそになるのが自分なんです。性格にもよるんでしょうけど、ハングリーさが、どんどん出てくる場所ですよね。

ユニホームを着て、満足する人もいるでしょうし、活躍したいと思う人もいる。でも、１軍で野球をして、プロ野球選手ですよ。１軍でも、さらに輝かないと知ってもらえない。成功したい。トップクラスにならないといけない。どうすればホークスで活躍できるのか。すぐ思いましたよ。みんな、日の丸を背負って、投げるような人じゃないですか。全員が日本代表。それくらいにならないと入っていけない。それくらいのインパクトがないと、一個、抜けていないと。育成でも、支配下の２軍レベルなら、上がれないんですから」

日本代表になる。

そのために、今、やるべきことは何なのか。

その大目標から逆算していけば、辿っていくべき道筋は見えてくる。

確かに、頂上までの距離は、果てしなく遠いだろう。

千賀は、そこへたどり着くまでの道のりを、自分なりに想定していた。

自らの定めたチェックポイントをクリアすれば、また次へ。

その段階ごとの目標を立てる「冷静さとクレバーさ」が、千賀滉大に備わっていた。

わずか2か月。スピードが10キロも上がった。それでもその年、千賀は2軍のウエスタン・リーグでは投げず、3軍で経験を積んだ。

千賀も、慌てない。球団も「いいから使おう」という近視眼的な手は打たない。

これが「3軍制」による育成なのだ。

「僕の中では、大学に行っても行かなくても、ここに入れば、成功しかない。これからしかないという自信しかなかったんです。それなら行こうと。育成で、3年でダメでも、その後に、21歳からでも大学には行ける。伸び盛りの18歳、19歳。全力で野球に取り組む。野球人としての成長ができたらという考えでしたね」

竜が、天へと駆け上がっていくような勢いで、千賀がその潜在能力を発揮し始めていたその頃、その超逸材を発掘した「ニシさん」が、早すぎる人生の幕を閉じることになる。

正二の死

２０１１年（平成23年）10月16日早朝。

30年近く監督を務めていた名古屋東シニアの試合が行われる当日だった。

なのに、正二が起きてこない。

妻の雅美が、様子を見に行ったとき、正二はもう、呼吸が止まっていた。

前日まで、ユニホームを着てグラウンドに立ち、ノックを打っていた。

酒席にも顔を出し「明日、試合だから」と早めに家に帰り、床に就いたという。

享年63歳。早すぎる、あまりに思いがけない〝ゲームセット〟だった。

チームの事務局長に、史時は正二の死を伝えた。

あまりにも急な出来事でバタバタしていたという史時が、とりあえず電話で連絡できたのは、その１人だけだったという。

なのに、しばらくすると、史時の携帯電話が、ひっきりなしに鳴った。

「ニシさん、亡くなったって、本当なの？」

「はい、今、親父は目の前で眠っています」

葬儀の準備をしながら、史時は正二の棺の前で、何度もそう答える羽目になった。

雅美の意向もあり、家の近所の高畑の斎場で、ひっそりと葬儀を行うつもりだった。

しかし「これは大ごとになる」と予感した史時は、斎場の１階と２階を急遽借り切った。

最後の別れを告げに来る野球人たちが、ひきも切らない。

片道３車線の幹線道路に突然、大渋滞が発生した。

駐車場が足りなくなり、警察が急遽出動して、交通整理をしなければならなくなった。

市井の運動具店の店主の葬儀に、１０００人近い会葬者が訪れたのだ。

「小さいときは、最悪の父でした。でも、一緒に仕事をするようになって、こんなにウチのおやじって、面白いんやと思いましたね。人との距離感を詰めるのが上手でしたね」

葬儀が終わってから、史時は、会う人会う人に、頭を下げられた。

「お前のおやじに、世話になったんだ」

プロのスカウト、高校の監督、大学の監督、社会人の監督、少年野球の監督。

「ホントにびっくりしたのは、商売をしていない大学の監督、ユニホームを作っていないチームの監督なのに、手助けとか、いろんなことをしているんです。金になるのか、ならな

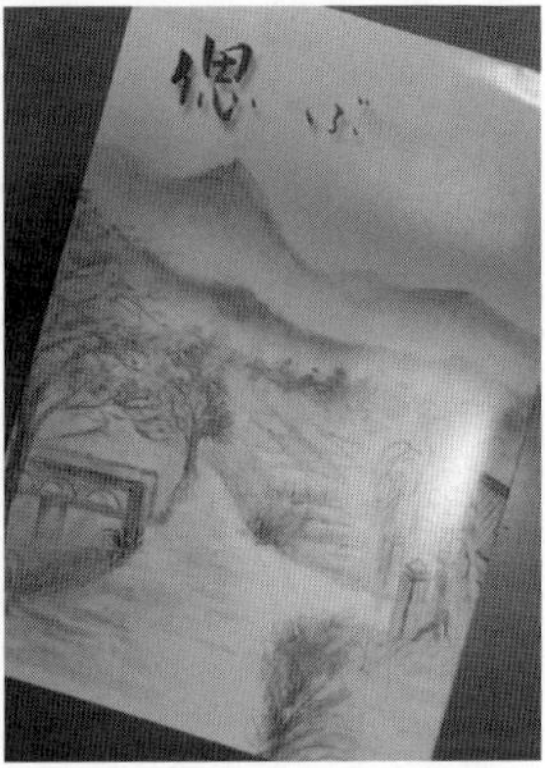

正二の「偲ぶ会」で配られた『偲ぶ』

いのか。そういう人たちと『野球』というカテゴリーで、話をしていたんでしょうね」

正二に「最後の別れ」を告げるために、こんなに多くの人たちが集まってくれた。

史時は、その感謝の思いとともに、野球人・西川正二の「凄さ」も感じていた。

「ぜひ、読んでみてください」

史時から、白地のカバーに包まれた一冊の本を頂いた。

『偲ぶ』と題された全２３７ページの書籍は、正二の「偲ぶ会」が開催されたとき、列席者に配られた「追悼文集」だった。

「私の岐路にはいつも西さんがいてくれました」

正二が発掘した豊田清は、追悼文の1行目にそう記していた。

他にも、日本のプロ球団のスカウト、メジャー球団のスカウト、東海地区の大学や高校の野球部監督ら、正二と深いかかわりを持ち、長い付き合いを続けてきた野球界のそうそうたる面々が、追悼文を寄せていた。

「フーテンの寅さん、みたいな人でしたね」

史時と私が話し込んでいるところに、ふっと、その言葉を差し込んでくれたのは、正二がまだ、東芝で軟式野球のエースだった頃から、その野球人生を傍らから見守り続けてきた妻の雅美だった。

私は、正二とは会ったことがない。

しかし、その雅美の表現に、ふと、正二の姿が脳裏に浮かんできた。

ふっと帰ってきて、また、ふっと出ていく。

野球を見て、帰って来る。野球をやって、帰って来る。

そしてまた、野球を見に行く。教えに行く。逸材を探しに行く。

１９９０年、91年（平成２、３年）夏の甲子園で、沖縄水産高を２年連続準優勝に導いた名将・裁弘義と正二は、やたらとウマが合ったという。

沖縄へプロ野球のキャンプ巡りに行くと、正二と裁は決まって、酒席を共にした。ともに酒豪。美声自慢の２人のカラオケ合戦は、聴きごたえ十分だったとも聞く。

その場から、正二は全国各地へ電話をかけたそうだ。

「今から、来い」「どこですか？」「沖縄。裁さんも一緒や」

名古屋の運動具店なのに、沖縄水産高の帽子は西正ベースボールショップが手がけている。

「なんで、沖縄の学校がね。わざわざ名古屋から買います？」

史時が、そう言って笑うのも無理はない。

正二の葬儀には「父がお世話になりました」と、亡き裁の娘が、わざわざ参列したという。

『偲ぶ』の中には、たくさんの写真が彩られている。

ユニホーム姿で、子供たちを指導している。酒席で、大好きなカラオケに興じている。

東芝三重時代の雄姿。スタンドからグラウンドに注ぐ厳しい視線。

その写真の一枚一枚が、人脈の広さを物語っていた。

野球を愛し、野球人からも愛された、根っからの野球人。

そんな男だからこそ「千賀滉大」という逸材を見つけたのだ。

セ・リーグ球団のあるスカウトが、ジョーク交じりに、史時にこう言ったという。

「お前のおやじ、１００発くらい打っとる。だから、１発くらい当たるわ。それが千賀や」

その「最後の１発」が、野球人・西川正二が見つけた「最後の逸材」だった。

〝映像での決断〟

千賀に、西川正二にまつわる「伝説」を確かめてみた。

「その話は、お聞きしています」

そう言いながら、ちょっとだけ、遠い目をした。

「運動具店の方ですよね。でも僕、その方としゃべったことがないんです。会ったこともないんです。高校のときって、名古屋の市内に行くこともないですし、野球道具をそこへ買いに行ったこともないんです」

知らない人が、自分を見つけてくれた。

正二がいなければ、ソフトバンク・千賀滉大はいなかった。

永山は、千賀を一度、正二に会わせる機会を作ろうと考えていたのだという。

「僕も小川さんも、そう思っていたんです。一回、紹介するわと。でも、千賀が世に出る前に、亡くなった。まさかでした……」

小川は、高校時代の千賀が、実戦で投げているところを見

千賀投手は正二に会ったことはなかった

ていないのだという。

「俺が実際に見ないで『獲ろう』と決めたのは、千賀が初めてじゃないかな」

30年以上にわたる、長いスカウト人生でもなかった〝映像での決断〟だったのだ。

現代のスカウティングは、野手ならパワー、スピード、肩、守備範囲、投手なら球のスピード、変化球の種類や精度、コントロールなど、項目別に複数のスカウトによって点数をつけ、その平均値を出すことで、選手の能力を数値化する。

こうした客観的なデータに基づいて、選手評価の相対的な順位をつけていく。

しかし、千賀には、その「データ」というものは、なかったに等しい。

張り巡らされた情報網。そして、市井の野球好きがもたらした情報。

それを信じ、確かめ、そして見抜く。

「西川さんみたいな、ああいう人の方が、選手のことをよく知っているんだよ。学校に出入りしているわけだからね。監督は、選手のいいことしか言わない。本当のところはどうなんだと。性格とか、頭がいい子だとか、そういうことを選手と話したりしているからね」

小川の思いは、単なるノスタルジーではなく、人を見抜くというスカウトが忘れてはならない「基本中の基本」の要素だろう。

数字やデータだけでは、決して見えてこない。

あの人なら、聞いてくれる。

あの人だから、信じていい。

人と人との「絆」があったから、千賀滉大という逸材との「縁」が結ばれたのだ。


２０１９年（令和元年）12月23日。

福岡・ヤフオクドーム内での会見場では、契約更改交渉を終えたばかりの千賀滉大が、まばゆいフラッシュの光に包まれていた。

プロ10年目を迎える千賀の年俸は「３億円」に到達した。

あくまで「推定年俸」という但し書きが付くのがこの世界のルールでもある。

それでも、年俸３億円を超えるプレーヤーは、２０２０年（令和２年）のシーズンには千賀を含めても、12球団でわずか26人しかいない。

超一流、スターの証ともいえる「３億円」は、育成時代の最初の年俸２７０万円のおよそ１１１倍。下世話な計算をしてみれば、プロ入り当時の年俸は、今の千賀の「３日分」だ。

その「埋もれた金」を見つけ出したのが、市井の運動具店の店主だったのだ。

史時は、笑いながら言う。

「生きていたら、大変だったと思いますよ。『それ見たか』と豪語していたでしょうね」

正二が、満足そうにうなずいている姿が、目に浮かぶようだ。

そんな想像を、史時と私が繰り広げていたその傍らで、生涯一野球人を貫いた夫を支え続けてきた妻・雅美は「そうかな?」と、ちょっぴり小首をかしげていた。

「豊田(清)さんのときも『俺が、俺が』って、言わなかったですからね。だから、もし生きていて、千賀さんの活躍を見ても、何も言わなかったかもしれませんね。こうやって、取材に来られて、聞かれても『俺じゃない』って、言うんじゃないですかね」

そうやって照れ隠しする正二の顔も、なぜか、思い浮かんでくる。


千賀君より、もっと、ええのを見つけたぞ。

こいつは、千賀君以上に、稼ぐ選手になるわ。


ふと、電話が鳴りそうな気がした。

天国でも「千賀2世」を見つけようと、野球の神様と一緒になって、あちらこちらを歩き回っているに違いない。
それが、ニシさんだから――。

第４章　四国を沸かせた強肩

落としどころとしての「交流戦」

３軍の主戦場は、四国が舞台だ。

独立リーグの四国アイランドリーグｐｌｕｓ（以下四国ＩＬ）に「定期交流戦」と銘打って、前期に四国ＩＬの全４球団とホーム２試合、ビジター２試合の計16試合、後期にも同じパターンで、年間32試合を行っている。

その交流戦を「ソフトバンク杯」として、交流戦での優勝チームを表彰している。野球振興の一策にもなっているわけだ。

この四国参戦計画で、ひと悶着あった。

ソフトバンクがまず検討したのは、野球協約の「日本プロ野球育成選手に関する規約」の第８条⑤に定められている「派遣制度」だった。

「球団は実行委員会の承認を得た上で、育成選手を日本国内の独立プロ野球リーグに所属する球団に一定期間派遣することができる」（一部抜粋）

育成選手を独立リーグの球団に派遣して、その球団の一員としてプレーさせる。派遣する選手の給料は、基本的には派遣する側のＮＰＢ球団持ちとなる。

ところが、すでに派遣制度を活用していた他球団の状況を調査した当時の編成育成部員の永井智浩は「これだったら、いらんな」と思ったという。

「四国に３、４人ぶち込んで、１年で帰って来る。それではアカンのです。育成になっていませんからね」

派遣していたある球団は、預け先の独立リーグの球団から、育成報告のレポートすらもらっていなかったという。それでは、ただ単に派遣しているだけになる。

出場機会の少ない育成選手にとっては、独立リーグでプレーできるだけでも、大きなことではある。しかし、指導は完全に相手任せ。球団としての育成方針がないのだ。

厳しい環境から這い上がってこいという精神的な面での刺激にはなるだろう。

ただ、永井は「そんな無責任なこと、あるんかなと」ソフトバンクが想定していたのは、派遣選手にコーチ、あるいは監督もつける形で〝小ユニット〟を作って、これを独立リーグの球団に派遣することだった。

派遣先でその監督が指揮を執ることで、選手の育成に関しても、球団側の育成方針を反映することができる。指導者のキャリアアップにもつなげられるのだ。

メジャーとマイナー球団との関係は、実はこの〝派遣制度〟に近い。

監督、コーチ、選手を派遣するメジャー球団と、これらの人員を受け入れるマイナー球団との間で「選手育成契約」が結ばれる。

これはPlayer Development Contract（ＰＤＣ）と呼ばれている。

マイナー球団は、メジャー球団のaffiliate（傘下）に入るが、資本関係は基本的になく、運営は独立採算。ＰＤＣは２～４年ごとに更改され、米球界では傘下球団の変更もたびたび起こる。

当時の編成育成部長・小林至は、３軍制発足にあたって、まずは日本の独立リーグ球団とこのＰＤＣを締結する形での育成を「最初は検討した」と打ち明ける。

「独立リーグは、すでに興行のノウハウも持っている。地域でそれぞれのネットワークやスポンサーも持っている。コストの効率を考えても、この提携の方式は選択肢でした」

ところが、このソフトバンクの新プランに、他球団からこぞって異議が上がったのだ。

「囲い込みにつながる」というのだ。

ソフトバンクが、監督とコーチ2人、選手20人を、独立リーグのある球団に派遣する。

そこに、ドラフト指名候補になりそうな有望株がいたとする。すると、その当該選手はソフトバンクの〝指導〟を受けていることになる。

もちろん、双方の関係性が深まってくるだろう。

「ソフトバンク以外の球団には行かない」

他球団の指名を受ければ、入団を拒否して、独立リーグでのプレーを続ける。そうした意思表示をさせた上で、ソフトバンクがドラフト下位や育成で、がっちりと指名する。

そのために、派遣制度を使うのじゃないのか。

性悪説ともいうべき、何とも穿《うが》った見方だろう。12球団の実務者レベルで話し合う実行委員会で、こうした議論が持ち上がってくる。

その可能性を、完全に拭い去ることができない。

しかも、派遣するだけの余裕がない球団にとっては「不公平」になるというのだ。

ならばと、小林は３軍制を発足させる２０１１年（平成23年）から、四国ＩＬのリーグ戦に、３軍まるごと参戦することを検討したという。

これだと「囲い込み」にはならない。

当時、四国ＩＬは香川、愛媛、徳島、高知に加え、三重が参戦しての５球団制。ソフトバンクが入れば、偶数でリーグ戦もやりやすい。

「四国の６球団目になる。それを考えたんです」

ところが、これも猛反発を食らう。

「そこまでやらなくてもいいのでは」「やれない球団との格差が生まれる」

最も主流を占めたのは、独立リーグという「アマ」に、アマから獲った選手を還流することになる。それは道義的におかしいという、消極的反対論だった。

試合をする機会を作る。その中で選手を評価し、育成する。

そのコンセプトが、理解されないのだ。

ソフトバンクが、カネにあかせて、四国ＩＬを自分のものにして、いい選手を確保しようとしているという、悪い可能性の方がなぜか強調されてしまう。

元千葉ロッテ球団社長、瀬戸山隆三

よく言われる「プロ・アマの壁」とは、プロ側がアマ側のいい選手を強引に獲ろうとしてきた歴史を踏まえてのルールでもある。

どうしても、ここに結びつくのだ。

ＰＤＣもダメ。リーグ参戦もダメ。

そこで、落としどころとして「交流戦」が生まれたのだ。

ただ、当初はその「交流戦」の成績を、四国ＩＬ側の公式記録に組み込んではいけないという規定が設定されていた。リーグの正式な記録にカウントされれば、公式戦になる。あくまでも、交流戦とは「練習試合」の位置づけだという。

こうした経緯で、ソフトバンクの独立リーグ参入プランが頓挫したその3年前、千葉ロッテも同じように四国ＩＬへの参戦を目論み、失敗に終わっていた。

仕掛け人の一人が当時、千葉ロッテの球団社長を務めていた瀬戸山隆三だった。

ダイエーでは、根本陸夫から球団経営のエキスを注入され、王貞治を監督に招聘する際には、根本と王の間をつなぐ〝使者〟も務めている。

２００４年（平成16年）に千葉ロッテの球団社長に就任すると、メジャーでの監督経験もあったボビー・バレンタインを監督に擁し、２００５年（平成17年）には日本一にも導いた敏腕フロントマンはその後、オリックスでも球団本部長を務めている。

球界の裏も表も知り尽くした瀬戸山ですら、実現できなかった〝独立リーグ参入案〟なぜ、幻に終わったのか——。

「甲斐キャノン」の原点

瀬戸山は、監督のバレンタインと、育成強化について何度となく話し合いを重ね、そのコンセプトは共有していたという。

「カネばっかり使っているソフトバンクや巨人みたいなことをしていたらダメだと。育成する、それで強いチームは作れるんだと、ボビーは言い続けていましたね。それで、２００５年に日本一。花開いたじゃないですか。やり方は、なんぼでもある。若い選手をたくさん持っておかないといけないと。その意見は１２０％合っていました。大賛成でした」

メジャー、マイナーでの監督経験で、育成手腕、若手起用にも定評があった。

そのバレンタインが提案したのは、育成選手を15～20人獲得し、選手を四国ＩＬの球団に派遣することだった。そのために、経営難に陥っていた徳島球団を買収し、そこに育成選手

元四国ＩＬ代表、鍵山誠

を派遣するという、前例のない、革新的な計画でもあった。

シーズン中に、バレンタインはお忍びで高知にまで出向いて徳島の試合を視察。リーグのレベルも確認していたという。

ところが、２００５年の日本一をきっかけに、バレンタインが年俸アップに加え、自分が連れてきたスタッフらの待遇をアップさせることを瀬戸山に要求。これらの話し合いがこじれたことで、２人の関係が一気に、冷え込むことになった。

そんな中で、２００７年（平成19年）６月18日、バレンタインは突如、自らの「独立リーグ・マイナー化計画」をぶち上げた。これに、球界は大騒ぎになった。

「そんなことは許されない」「囲い込みになる」「協約違反の疑いがある」

瀬戸山も「寝耳に水」。本社に呼ばれ「その資金はどうなっているんだ？」

四国ＩＬの代表だった鍵山誠は、四国ＩＬのオフィシャルメディアパートナーを結んでいる読売新聞から「すぐに会見しろ」とせっつかれ、即座に否定せざるを得なくなった。

読売新聞は、言わずと知れた巨人の親会社。巨人が知らないということは、球界への根回しなど、進んでいるはずもない。鍵山も、困惑するしかなかったという。

「リーグも、徳島の経営難に困っていたんで、渡りに船だったんです。バレンタインさんはやりたかったんだろうと思います。でも、日本の球界的には熟していなかった。ただ、こんな話、根回ししないで進んでいた方がびっくりでしたけど」

仮定の話とはいえ、このロッテの計画が首尾よく進んでいれば、日本の育成システムは画期的に飛躍していたかもしれないのだ。

独立リーグの各球団が、ＮＰＢ球団とそれぞれに育成契約を結び、３軍になる。

監督、コーチ、選手は、ＮＰＢ球団から派遣する。その年俸はＮＰＢ球団が負担する。

球団の運営は、地元企業などがスポンサーについて支え、独立採算の形で行う。

「これが一番安上がり。これが一番いいと思っていたんです」と小林。しかし、バレンタインの勇み足で、この〝ベストの選択肢〟は、すでに「ご法度《はっと》」になっていたのだ。

瀬戸山も、このときの〝ミス〟を、今も悔やんでいるという。

「アメリカのスタイル。これが一番いいと思いました。でも、手順が狂いました」

紆余曲折を経て、３軍発足の初年度から、とにもかくにも、四国参戦にこぎつけた。

その四国の地で、大きく羽ばたいた選手がいた。

甲斐拓也。

強肩「甲斐キャノン」の原点は、四国にあった。


「体が小さいんですよ。でも、肩はいいですよ」


甲斐拓也も、ソフトバンクが３軍制を創設するのに際して、獲得候補のリストを広げなければ、育成ドラフトでの指名リストにすら入らなかった一人だった。

同期の千賀滉大も、牧原大成も、指名候補から漏れていた選手なのだ。

当時、スカウト部長だった小川一夫は、甲斐との出会いをはっきりと覚えている。

１９９６年（平成8年）のドラフト３位指名を受け、１番打者として活躍した外野手の柴原洋、２００２年（平成14年）のドラフト自由獲得枠で入団、最速１５６キロを誇った剛腕・新垣渚ら、前身のダイエーで一時代を担った逸材たちを育てた名伯楽・九州共立大監督の仲里清（現九州共立大名誉監督）から、小川はちょっとした要請を受けた。

「小川さん、プロが獲らないけど、いいキャッチャーいないですか？」

こうしたお願いに応えておくことが、今後のつながりで大きくモノを言う。いい選手が入ってきたり、実力が伸びてきたりしたときに、教えてもらえる。あるいは他校の逸材の情報などを、こうした強豪校の監督は持ち合わせている。

持ちつ持たれつ。その絆は重要だ。

「監督、ちょっと、担当に聞いとくわ」

すると、あるスカウトから、一人のキャッチャーが推薦されてきた。

「体が小さいんですよ。でも、肩はいいですよ」

それが、甲斐拓也だった。

大分・楊志館高。県内でも強豪校の一つだが、甲斐の高校時代の3年間で、甲子園には出ていない。目立った成績がない上に、身長１６８センチ。プロの世界だと「小さい」という部類になってしまう。プロの目にかかる存在ではないのだ。

スカウト陣が選手をチェックする際、まず調べるのは身長と体重だ。

ここで一定の水準に達していないと、見る対象からも外してしまうケースがある。

体の大きさは、車でいうならエンジン。軽四の自動車と、でっかい外車では、加速度も違う。最高速も違う。パワーの差が、決定的に出てしまうのだ。

２月のキャンプに始まり、桜が咲き、梅雨の時期を越え、盛夏から秋へ、コートを着る頃まで戦いは続く。技術ももちろんだが、一年間を戦い抜く「体力」が必要なのだ。

甲斐はその小柄な体から、プロから敬遠された存在でもあった。

雁の巣での２次テスト

野球を続けたい。でも、自分の実力ではプロは無理だ。

迷っていた甲斐に助け船を出したのは、楊志館高監督の恩師・宮地弘明だった。

「一度、ウチのキャッチャーのプレーを見てやってくれませんか?」

宮地が電話を入れたのは、当時九州担当だったソフトバンクのスカウト・福山龍太郎だった。福山も、１９９８年（平成10年）のドラフト４位指名で法大から入団した左腕投手だった。

２つの点が、１つに結びつく。

福山からの報告を受けた小川は、甲斐をテストすることに決めた。

大分・日本文理大のグラウンドに、甲斐が呼ばれた。他にも捕手がもう１人と、内野手が２人の計４人だった。

小川は、一瞬でその「強肩」に目を奪われた。

「めちゃくちゃ、ええやないか！」

二塁へのスローイング。低く、鋭い送球が、二塁ベース上に、ぴたりと収まる。

「獲ろう」

小川は、その一芸に惹かれたのだ。

「あれだけの地肩がある。球を捕ってから、送球までの動きも速い。いい肩というのはそれだけで十分。育成があったのが大きかったね。甲斐で行こうと、すんなり決まったよ」

九州共立大に紹介するはずが、強奪してしまったというわけだ。

「ドラフト候補になり得る素材感っていうのかな。体が小さいとか、そういうことがあっても、それでも何か一つ、いいものがある。それがあれば、育成なら十分なんですよ」

千賀にしても、投げるフォームを見た瞬間に、小川は即決した。

迷いは、疑問につながる。あらを探せば、必ずある。これだ、という、スカウトの勘ともいうべき直感。甲斐の肩には、それだけの魅力を感じたのだ。

大分でのテストは、残暑の厳しい日だったという。

「見ているだけでも、暑かったんだよ。他の３人は、ふらふらでバテていたけど、拓也だけは、元気だった。それも印象に残ったな」

大分での1次テストに続いて、甲斐は雁の巣での2次テストに呼ばれた。

そこには、同期入団となる城北高・牧原大成も参加している。

育成選手の最終チェックの意味合いがあった。

「あれ、覚えていますよ」

テスト前日。甲斐は、大分から高速バスに乗って、一人で博多へやって来た。

「僕、高校のとき、大分を一歩も出ていないんです。泊まったこともない。母ちゃんから離れたこともなかったんです」

野球道具と、1泊分の荷物。

両手に大荷物を抱え、天神のバスターミナルに降り立った。

今でも、天神に行ったらいつも思い出します、あのときのこと。ここやったな、と。バスターミナルのところから、とにかく、いろいろな人に、道を聞きまくって、やっとホテルに着いて、ご飯は松屋で、一人で食べました。

次の日、早く起きて、またバスです。いろんな人に聞いて、やっとバス停に着いて……。

キャッチャー道具、バット、ユニホーム。両方の手、塞がっていました。それで、人の多い中、路線バスに乗って……。雁の巣の一番近いバス停、ガソリンスタンドのところ、知ってます？　ちょっと距離、あるんですよね。そこから、荷物持って、歩いていきました。

大変でした。あのテストだけは大変でした。今考えたら、よくやったと思います。ホテルから、野球道具も、荷物も全部抱えて、暑い日に歩いて、球場に行った。

あれ、忘れないです。

95人目の指名

育成ドラフト6位指名。その年、本指名と育成で97人が指名された中、甲斐の指名は最後から3番目。95人目だった。

その年、ドラフト1位は習志野高・山下斐紹《あやつぐ》。甲斐と同じ高校生の捕手だった。

「山下が1位で、僕が育成の一番下。天と地の差を感じました」

ドラフト1位なら、スカウトが、学校まで挨拶に来てくれる。

育成6位は、自分で荷物を抱えて、スカウトに見てもらうために、バスで球場へ行く。

そのコントラストは、あまりにも残酷だ。

甲斐は、その一つ一つの光景を、明確に、くっきりと覚えていた。

リアルな表現ぶりに、聞いているこちらの脳裏にも、見ていないはずの光景が浮かんだ。

「違う立場なんだというのがありました。練習試合にしても、メンバーに入れるわけがない。そうやって分けられている。レベルが違いすぎるほど差があった。全然違ったんです」

守備練習。当然、山下と同じポジションだから、一緒に練習する。

ワンバウンドを、胸に当てて前に落とす。甲斐は、これが当初、苦手だった。

ボールを横にはじいてしまう。すると、怒声が飛ぶ。

「同じ失敗をしても、向こうは許されて、僕は許されない。同じポジションで、なんでこんなに怒られて、こっちは怒られないんだ。まず違うんだと。一緒に入っていても、こいつはよくて、こいつはダメ。ホントに悔しかった」

ボールを追いながら、甲斐は泣いた。

キャッチャーマスクを取ると、砂まじりの頰についた「涙の筋」が見えてしまう。

だから、マスクをつけたまま「泣いてた日、ありましたね」

悔しくて、泣いた。情けなくて、泣いた。

「負けたくない。見返したい気持ちがありました。認めてもらえるよう、こいつらに負けてたまるか、と。頑張る『源』が、たくさんあったと思います」

ルーキーイヤーの宮崎キャンプ。

背番号「１３０」を背負った小さなキャッチャーに、誰も振り向かない。

「まず、ちやほやされなかったですね。誰？　ってなるんです。キャンプ中、移動で歩いていても、誰も僕を分からないわけでよ。何だろうと。この状態では、勝負できないと感じたんです。一つ、何か『武器』を作らないといけない。それを伸ばそうと。そうでないと支配下の選手たちには勝てない。山下に勝つためには守備。キャッチャーとして、それを伸ばさないといけない。山下にすべて勝てるのかといえば無理。どこか、何か一つでもいい。僕は、それが『肩』でした」

その唯一無二の強肩で、甲斐は一歩一歩、その歩みを着実に前へ進めていく。

「どっちがドラフト1位なん？」

３軍発足初年度の２０１１年（平成23年）

試合をする態勢を整える意味も含め、ソフトバンクは他球団で戦力外通告を受けた３選手と育成契約を結んでいる。

そのうちの一人が、大西宏明だった。

当時、プロ9年目。近鉄と横浜ＤｅＮＡでは「左キラー」と呼ばれ、レギュラー格として活躍した時期もあった。

大阪・ＰＬ学園高3年時の１９９８年（平成10年）夏の甲子園、神奈川・横浜高との準々決勝で伝説の「延長17回」の死闘を演じた一人で、横浜高のエース・松坂大輔（現埼玉西武）から、大西は5番打者として3安打を放っている。

ソフトバンクの育成では1年。現役引退後は、大阪・心斎橋で焼肉店を出店。実業家としても、ビジネスを軌道に乗せながら、２０１９年（令和元年）から関西独立リーグの堺球団で監督も務めている。

その大西も、甲斐の強肩に仰天した一人だった。

「どっちがドラフト1位なん?」

大西は、傍らにいた選手に、つい質問したのだという。

スローイング練習のときだった。

ドラフト1位の山下と、育成6位の甲斐は、同じポジションの捕手だ。

山下の入団時は、身長１８０センチ、体重78キロ。

甲斐の入団時は、身長１６８センチ、体重74キロ。

頭一つ分ほど、サイズが違う。

ところが、その〝小さい方〟のスローイングの方が、明らかにいい。

「ホントに、甲斐は投げるのが速かったんですよ。ビックリしました。でも、僕の目もやっぱり『プロ』でしたね。周りにこっそり聞いたんですけど『甲斐の肩、凄いね』『こっちの方が、育てたら面白いかも』って、みんな言いましたもんね」

後に「黄金バッテリー」と呼ばれることになる同期の相棒・千賀滉大も、甲斐のスローイング練習を見た瞬間に「こりゃ、やべーと思いました」という。

「捕る、投げるは、恐ろしかったですよ。そのとき、リハビリに来ていた細川（亨。現千葉ロッテ）さんも『捕って投げるだけなら、もう1軍だな』って」

先輩を、そして同期生をたじろがせた「肩」が、四国で評判を呼ぶことになる。

山下の「穴埋め」

３軍では毎試合、詳細なレポートがつけられる。

試合でのパフォーマンス、練習状況、ケガの状況。

そうしたレポートをもとに、練習計画や、2、3軍の入れ替えも検討される。

山下と甲斐の場合、同じ1年目、同じポジション。それでも、期待度は違う。

山下は、数年後の1軍のレギュラーになってもらうというプランだ。だから、ドラフト1位なのだ。3軍で試合経験を積み、次は2軍、そして1軍。そのプロセスを経る必要がある。

山下には、年４００打席。同ポジションの甲斐には２００打席の〝傾斜配分〟になる。

「少なくなりますけど、必ず出場機会はあります。プロ野球は、そういう世界。差別はしませんが、区別はしないといけないんです」

小林が言う。そうした目標設定もフロントと現場がすり合わせ、管理していくのだ。

だから、甲斐のレベルだと、3軍でも試合に出られない日が出てくる。山下が捕手として出場しているとき、甲斐はブルペンでリリーバーの球を受け、試合でも「投手とショート以外は、すべてやりました」と振り返る。

「穴埋めですけど、僕にとってはチャンス。3軍がなければ、圧倒的にチャンスが少ない。2軍だけなら、僕なら1打席しか立てないようなときもある。でも、3軍だと、打席がある。試合も出ないといけない。使われないといけない。3軍があったお陰でそういう環境があった。僕にとっては大きかったです」

その山下が、四国ＩＬとの試合に、ケガで出場できなくなった。雁の巣に居残っていた甲斐に連絡がきた。

「すぐ来てくれ」

山下の「穴埋め」。それが、甲斐拓也の強肩を披露する場となった。

「四国のどよめき」

３軍担当の編成育成部・星野順治は、１９９７年（平成９年）に、社会人のＮＫＫからドラフト４位指名を受け、ダイエーへ入団。ちなみに、同期の１位指名が永井智浩だった。サイドハンドからのキレのある投球で先発ローテーションも担い、王ダイエー初優勝の１９９９年（平成11年）には10勝、２００１年（平成13年）にも13勝と、実働11年で、通算50勝をマークしている。

２００８年（平成20年）に現役を引退すると、２軍コンディショニングコーチ補佐に就任するが、小林いわく「性格が非常にいいので、選手の悩みもまともに受けちゃう。だからこのままいくと、星野君の方がつぶれてしまう」

その実直さを買われ、３軍が発足した２０１１年（平成23年）から、星野は編成育成部員となり、３軍発足時には３軍担当を務めていた。

永井がファーム統括ディレクターで、星野はその下についた。

四国での試合後のレポート作成は、星野の重要な仕事でもあった。

「拓也の強肩。これが『強み』だったんですよね」

星野は、独立リーグの舞台で甲斐が見せたスローイングに、目を奪われたという。

「拓也は確か、試合でセカンドもやったんです。３軍は人数が少なくて、とりあえず穴埋め的な部分ですね。その経験がどう生きるか分からないけど、得るものはあるだろうと。意味のないことだと感じないで、そこから違う可能性が広がる場合だってある。悔しい思いもしたと思うんですが、そこから打ち勝つだけの精神力がありましたね。こういう選手が伸びるんだろうと思いました」

２０１９年（令和元年）２月まで、およそ4年間にわたって高知の球団社長を務めた梶田宙《ひろし》は、四国ＩＬが発足した２００５年（平成17年）から高知の外野手として活躍、10年間の現役生活で「ミスター独立リーグ」と呼ばれる存在でもあった。

その梶田も、甲斐の強肩に仰天した一人だった。

「すごかったですね」

梶田は、２００５年（平成17年）には、87試合で23盗塁をマークするなど、俊足タイプの左打者で鳴らした。甲斐が捕手のときに二盗を試みているのだが「成功した記憶がない」と振り返る。

「なんだ、こいつは、って感じでした。投手が投げる前に走るくらいでないと、普通にスタートしたら刺されました。２年目（２０１２年）なんか、よく打ったんですよ。なんでここにいるんだと思いましたよ。いるのがイヤになるくらいの存在で、もう、早く上に行ってくれよと。打つし、セカンドにはびしびし投げるし、盗塁したくてもできなかったですからね。３軍にいるのが、もったいなかったです。それだけ、ソフトバンクって、層が厚いんだなと。かわいそうだなと思いましたね」

盗塁を阻止するのは、バッテリーの共同作業と言われる。

投手がセットポジションからモーションを起こし、投球が捕手のミットに収まるまでのメドは「１秒２」。これより遅いと、二盗を許す確率が高まってしまうというのが定説だ。

捕手の送球がベースカバーの二塁手のグラブに収まるまでのメドは「２秒」

これを「ポップタイム」と呼び、捕手の「強肩」の指標となる。

この2つを足した「3秒2」が、二盗を許すか、刺すかの分水嶺になる。

野球のデータサイト「DELTAGRAPHS」では、2016年（平成28年）以降での「ポップタイム」NPB最高は、甲斐の「1秒67」だと伝えている。

小さな130番。そのキャッチャーが、びしびしと走者を刺す。

四国は「野球どころ」と呼ばれている。

4県とも、全国的に名の知れた強豪校があり、どの県にも甲子園で優勝経験がある。だから、見ている人たちの「野球を見る目」は肥えている。

「うわーっ」「なんだ、こいつ」「ええ肩しとる」——。

甲斐の強肩ぶりに、驚き、そして、いつしか、甲斐が二塁へ投げると歓声が湧いた。

独立リーグのレベルで、プレーで観客を沸かせることなど、めったに起こらない。

鍵山誠は、それだけに、印象深いシーンとして鮮明に覚えているという。

「野球を見慣れているおっちゃんたちが『あのちっこいのは、凄いな』って。そのときから片鱗があったんでしょうね。その距離感が分かる。独立リーグの選手たちにとっては、この人たちを超えないとプロに行けない。3軍といっても、ドラフトをくぐり抜けた人たちですからね。その中で、千賀君や甲斐君がいたんですから。ファンの視点、やっている選手の視点。どちらから見ても、得られるものは多かったでしょうね」

甲斐にとって、その「四国のどよめき」は、捕手としての誇りへとつながった。

「分かりましたね、四国でありました。沸いたのが分かりました」

福岡工業大での練習試合でも、忘れられないシーンがあったという。

「大学で、盗塁王なのか、よく走っている選手だったらしいんです。それ、刺したときでしたね。球場、そのとき、沸いたんです。自分で言うのもなんですけど、１年目、すごく肩が強かったんです。ホント、１年目、すごかったんです。今、全然ですよ（笑）。僕は、肩でプロに入ったと思っていますから。唯一、肩です。そこで勝負、アピールしないといけない。僕は肩。それで伸ばそうと」

四国での、そして博多での「歓声」に、自分の特徴を、甲斐は再確認した。

俺は、この「肩」で生きていくんだ――。

「それが、３軍で3年、さらに3年。６年かかりました。でも、それでよかったと思いますけどね」

支配下登録は、３年目の２０１３年（平成25年）のオフだった。

同期の千賀滉大と牧原大成よりも、丸１年遅かった。

１軍での初ヒットを記録したプロ６年目、その〝小柄な捕手〟に追い風が吹いた。
２０１６年（平成28年）から採用されることになった「コリジョン・ルール」だ。

走者が、本塁へ突っ込んでくる。

捕手は、本塁を守るために、ベースを〝ふさぐ〟ような形で野手からの送球を受ける。

その「クロスプレー」の際、勢い込んだ走者が、捕手に体当たりする。

メジャーでは、そのシーンで何度となく捕手が大けがを負い、安全面の観点から、こうしたプレーが問題視されるようになってきた。

そこで、捕手は走路をふさがない、走者は体当たりしないという〝衝突回避策〟の新ルールが、設定されたのだ。

この「コリジョン・ルール」ができるまで、甲斐のような体のサイズに恵まれていないキャッチャーは「クロスプレーで吹き飛ばされるから危ない」と言われてきた。

プロのスカウト陣が〝小柄な捕手〟を敬遠する、それが大きな理由の１つでもあった。

ところが、本塁上での接触プレーがなくなった。

そうすると、体のサイズよりも、投手のリード面、インサイドワーク、そして強肩。そういった「守備の要」としての総合力が、より問われるようになってくる。

小川は「コリジョン・ルールができて、捕手は『体が小さくても大丈夫』という感じになってきた。それが、拓也には大きかったよね」と指摘する。

１軍での初スタメンはプロ７年目。その年に、捕手として初の「ゴールデングラブ賞」を獲得した。

２０１８年（平成30年）の日本シリーズでは、機動力で定評のある広島を相手にシリーズ新記録となる６連続盗塁刺をマーク。日本シリーズＭＶＰに輝いた。

「甲斐キャノン」は、誰もが知る名前になった。

ノムさんの背番号を受け継ぐ

２０２０年（令和２年）２月11日。

甲斐は、大勢のカメラの前に立っていた。

涙をこらえながら語っていたのは、その日の朝、急逝した野村克也のことだった。

この年から、甲斐の背番号は「19」になった。

ソフトバンクの前身、南海ホークスの名捕手・野村克也。

戦後初の３冠王。ＩＤ野球。「生涯一捕手」として45歳まで現役を続けた。

2月11日に亡くなった野村克也氏の背番号「19」を受け継いだ甲斐拓也捕手

監督として日本一3度、歴代5位の監督通算１５６５勝。

その〝ノムさん〟を象徴する「19」を継ぐ捕手は、ホークスにいなかった。

野村の存在が、あまりにも大き過ぎたからだ。

その野村が、かねてから高く評価していたのが甲斐のことだった。

甲斐は、その偉大なる先輩の著書を、高校時代から何冊も読み込んでいた。

ＴＶ番組や雑誌で野村と対談したときにも、甲斐から〝野村語録〟がすらすらと口を突いて出てくることに、野村自身が驚くシーンもたびたびだった。

「俺と境遇が似ている。だから、気になっていたんだ」

母子家庭だったという同じ境遇。テスト生だった野村と、育成の最下位指名だった甲斐。

そこから、２人は必死に這い上がってきた。

ボヤキのノムさんが、甲斐の姿に、かつての「自分」を投影できたのだろう。

「次は君に『19番』をつけてほしい」

２０１９年（令和元年）限りで「19」をつけていた左腕投手のアリエル・ミランダが退団。

そのタイミングで〝レジェンド・ナンバー〟の継承を、甲斐が球団に申し出たのだ。

「できれば、この『19番』をつけたユニホーム姿を直接見てもらいたかった。見せたかったです」

野村は、甲斐が「19」を背負う姿を実際に見ることなく、この世を去った。

実は、この章の取材のために、甲斐にインタビューをする時間をセッティングしてもらっていたのは、宮崎キャンプ中の「2月11日」のことだった。

その朝、野村の急逝という一報が、日本中を駆け巡った。

「甲斐が、気持ちが落ちちゃっているみたいで……」

チーム広報チーフの篠原周至が、何とも申し訳なさそうに、事前に耳打ちしてくれた。

しかし、いや、むしろ〝この日〟だったからかもしれない。

甲斐は自らの〝原点〟を、実に熱く語ってくれた。

そこには、野村が評価していた、泥くさいまでの「プロ魂」が詰まっている気がした。

だから、甲斐の言葉を、そのまま聞いてほしい。
「筑後」とは、後の章で言及するが、２０１６年（平成28年）にソフトバンクが福岡県筑後市に完成させた、２球場、室内練習場、寮を完備した一大育成拠点のことだ。

今、筑後で、どれだけいい環境でできているか。練習時間でも、間に合うように行けばいい。バッティングケージも管理してくれていて、グラウンドにラインも引いてくれて、はい、野球をしてくださいという環境ですよ。僕らが入った２０１１年、3軍にバイトの人もいなかった。試合のときはいるけども、ほとんどの練習は、例えば9時練習開始なら、その前に来て、自分たちでラインを引いて、ケージを引っ張って持ってくる。水まきも、自分たちでしました。プロ野球選手なのに、練習が始まる前から、ユニホームのお腹のところとか、もう、最初から汚れているんです。ピッチャーも、ブルペンに行って、マウンドのシートを剥がして、自分たちで整備をするんです。

こんなところに、おりたくない。まず、2軍でやりたい。2軍なら、環境だってちょっとは変わる。2軍に来たら、今度はドームでやりたいと思うんです。

雁の巣が、自分を強くしてくれました。

今、3軍でも、何でもやってくれる。僕からしたら、こんな環境だと、ここでいいわ、と思う選手もいると思いますよ。最初、僕らは、西戸崎で練習ですよ。寮の前の、あの小さいスペース。とてもじゃないけど、キツかった。

もちろん、筑後が悪いとか言うわけじゃないですよ。

環境は最高です。これ以上ない環境です。うまくなる環境として、最高ですよ。雁の巣は苦しかったけど、今思えば、野球の神様はいたなと思います。キツい思いして、よかったんです。今だから、思えます。環境がイコールじゃないけど、野球の神様はいます。だから、僕はキャッチャーの道具を毎日、きれいに磨いているんです。キツいことをやって、野球の神様がいるなら、どこかでチャンスがあると信じていました。

俺がクビになって、山下が輝いたら、野球の神様は、おらんな……と。

今思えば、やってきてよかったなと思います。

最初は「育成だったから」と見られるのがイヤで、うまくいかなくても「やっぱりな」と思われるのがイヤだった。その差を埋めるために練習しました。そう見られないように。「育成だからな」と、失敗したら、そういう目で見られると悔しいですから。

野村のような、そして甲斐のような「ハングリー精神」が、今の時代には足りない。

それを持っていないから、今の若いやつはダメだ。

そんな陳腐なまとめにするつもりは、毛頭ない。

しかし、甲斐がこの10年間に積み重ねてきた体験は、間違いなく、「野球人・甲斐拓也」を、大きく、そしてたくましく成長させてきた。

泥くささは、強さの「礎」なのだ。

「何も分からない状態。プロの世界も分からない。まして、3軍がどういったシステムかも分からなかった。どうなるか分からない状態で過ごしていたんです。3軍ができるという話は聞かされていて、育成を理解した上で入ってきましたけど、それでも正直、不安しかありませんでした。なんだろうなあ……。3軍という形がないだけで、育成と支配下の違いを感じました」

甲斐が、千賀が、育成選手として入団したとき、その「3軍」というものが「形」としては、なかったのに等しかった。

それは、新たなプロジェクトを発足させる、その〝創業期〟ゆえの混乱でもある。

甲斐も、千賀も、牧原も、その苦境を自分の力で乗り越えてきた。

10年目のプロ生活。その歩みは、決して順調ではなく、早いわけでもなかった。

この「肩」で、俺は生きていくんだ――。

強い覚悟を胸に、甲斐拓也は戦い続けてきたのだ。

日々の積み重ね

ワンバウンドの投球を、胸のプロテクターに当て、前に落とす。

宮崎キャンプでも毎日のように繰り返される、単調で、苦しい練習だ。しかし、その積み重ねこそが、プロの世界で生きる術《すべ》だ。

２０１９年（令和元年）の個人守備率を見てみよう。

捕手は72試合以上が規定試合数。つまりは、各球団のレギュラー捕手で、誰が最も安定した守備を見せているのかという指標になる。

用語を簡単に説明する。

「刺殺」は、アウトの中でボールに一番最後に触ったプレーヤーに付く。

「補殺」は、アウトに関与したプレーヤーに付く。

この2つを足した数字を、守備機会で割ったものが「守備率」となる。

甲斐は、136試合で3失策、守備率・9973は、パのトップだ。

2017年（平成29年）から3年連続でゴールデングラブ賞。

その「守備の要」としての甲斐を、誰よりも評価しているのが球団会長の王だ。

2020年（令和2年）の宮崎キャンプ中でのことだった。

王は、育成3年目で、大砲候補として期待する内野手のリチャードが打撃練習をする姿を見ながら、甲斐の「10年の歩み」を引き合いに出した。

　リチャードは、3年目か。彼も、テレビで映っている先輩たちがどんな練習をしているのか、普段から走ったり、バットを振ったりね。そういうのを見ることが大事なんだ。日々の積み重ねなんだよ。

甲斐だって、毎日、プロテクターでワンバウンドを前に落とす練習を、ああやって繰り返しているだろ？　前に落とせば、ランナーは走れない。横に少しでもずれたら、ランナーに走られちゃうんだから。

　でも、ランナーがいて、甲斐がフォークのサインを出しても、ピッチャーは首を振らないんだ。ランナーが三塁にいてもね。

甲斐だったら、ワンバウンドになっても、絶対に前に落としてくれるからだよ。


地道な練習を積み重ねる。

その姿を、周りも見ている。それが「信頼」へと繋がっていく。

育成から、日本を代表する捕手へ。

そこに、近道はない。魔法のレシピもない。

年俸270万円から、プロ10年目の年俸は1億1000万円。約41倍になった。

高校卒業のタイミングで、3軍ができた。そして、育成枠が広がった。

「ホントに、それを思います。運がありました。3軍がなければ、僕なんて、この世界にいませんでしたから」

背番号「130」から、10年をかけて「19」へ。

野村克也から、甲斐拓也へ――。

〝その日〟に、甲斐の言葉を聞くことができた。

取材する立場の人間として、その奇遇に感謝したい。

１９７７年（昭和52年）に、野村克也が南海を退団して以降、ホークスで、野村の背番号「19」を付けた捕手はいなかった。

43年ぶりに、ホークスのホームベースに「19」が帰ってきた。

甲斐拓也の背中に「19」は、よく似合う。

第5章　たたき上げのプライド

3軍1期生・牧原大成

プロ野球界、年の瀬の恒例行事。

カメラのフラッシュが光る中、記者会見場に座り、番記者たちの質問を受ける。

「サイン、しました」

契約更改交渉を終え、来季の年俸が決まる。

その金額には、新聞やテレビの発表では「推定」という注釈がついている。

年俸の金額を隠さず、堂々と答える選手もいるが、大半はぼかして発表する。

「キリのいいところ？」「それって、どのキリですか？」

「大台に行った？」「そのあたり……ですかね」

当たらずとも遠からず。上がった選手は低めに、下がった選手は高めに導くようなヒントを出すのが常。そこに、選手のプライドや性格がにじみ出る。

その「契約更改交渉後の会見」が設定されるのは、少なくとも、１軍で活躍する主力級の選手であることの証明でもある。

実績のない若手選手の場合、秋季キャンプ中に、宿舎内で契約更改交渉が行われ、その場にいる番記者たちの囲み会見は、金額の確認程度だ。

レギュラークラス、さらにはスター選手になれば、下交渉を重ねた上で、交渉、会見の当日は、統一契約書にサインして印鑑を押し、会見に臨むというセレモニー的な意味合いが強くなっている。

かつてのように、何度も何度も保留して、年を越しての交渉という光景は減った。

２０１９年（令和元年）12月10日。

本拠地・ヤフオクドーム内のカンファレンスルーム。

牧原大成は、会見場に座っていた。

倍増、２０００万円から４０００万円へ。再婚も発表した。

「お金の管理とか、一人じゃ、何もできないんで」

番記者の質問に、照れ臭そうに答える。

もう、牧原は単独で「原稿になる」選手なのだ。

会見を終えた牧原に、「歩み」を振り返ってもらう時間を作ってもらった。

「僕は、これでよかったです。性格的に、ドラフトの本指名で入っていたら、変に自信満々だったと思うんです。育成だったからこそ、自分は『一番下手くそなんだ』と。だから、苦労話ではないです。ここから抜け出したい。その気持ちはありました」

4位・千賀滉大。6位・甲斐拓也。

３軍１期生の一人、牧原大成

後の「黄金バッテリー」を指名した２０１０年（平成22年）の育成ドラフト。その間に挟まれた「5位」で指名されたのは、身長１７３センチの小柄な内野手・牧原大成だった。

３軍１期生。

侍ジャパンに選出された同期生たちのように、派手な活躍は見せていない。

内野、外野のオールラウンダーで俊足、積極的な打撃。たたき上げの男は、プロ10年目の2020年（令和2年）には、レギュラー定着目前のところまで駆け上がってきた。

若いときの苦労は、買ってでもせよ――。

手あかがついた、ありきたりなフレーズだろう。

それでも、牧原大成の歩んできた道のりを表現するのに、これ以上、マッチするフレーズもないような気がした。

ドライで、効率的なことに流れがちな時代の風潮の中で、牧原大成の振り返った〝雌伏の時〟には、どこか引き込まれ、共感できるものがある。

「おい、そんなんじゃ、通用せんぞ」

3軍制の発足。

スカウト陣が、指名候補の再リストアップをする中で、牧原の存在が浮上してきた。

スカウト部長だった小川一夫は、熊本・城北高の小さな内野手が、一塁へ向かって全力疾走する映像を見せられた瞬間に「この選手を獲ろう」と即決したという。

最後の夏を終え、当の牧原の方は〝真剣な野球〟からは離れるつもりでいたという。

「野球をずっとやってきて、違う路線でやってみたいなと。だから、大学で頑張ろうという気はなかったんです。今まで遊んでもなかったし、バイトもやりたかった。バーテンダーとか、ダンスとか、そういうのをやりたかったんですよ」

ごくごく、普通の感覚の高校生だろう。

そこに、ソフトバンクからの〝打診〟があった。

牧原は、2軍の本拠地である福岡・雁の巣球場に呼ばれた。

「あれ、すごく覚えています。スカウトの方がいました。（自分を獲ることが）決まっていたのか、決まる前なのかは分からないですけど、雁の巣でやったことは、めちゃくちゃ覚えていますね」

甲斐と牧原に加え、同期指名を受けることになる育成2位の中原大樹（鹿児島城西高）、同3位で「千賀より、先にすごいといわれた大ちゃん」と当時の編成育成部長・小林至が称した右腕・伊藤大智郎（愛知・誉高）、その年に広島から育成1位指名を受ける右腕・山野恭介（大分・明豊高）らも参加していた。

それは、育成指名候補の最終テストの意味合いがあった。

シートノックを受け、さらに投手との対戦となるフリー打撃も行われた。

雁の巣で牧原が見せた力強いスイングに、小川は「こんなにいいバッティングもできるんだな」と、その野球センスの高さが印象に残ったという。

緊張感の漂う雰囲気の中、牧原は自分にかけられた〝ハッパ〟を、今も忘れないという。

「おい、そんなんじゃ、通用せんぞ」

気を抜いてなどいない。とにかく必死にバットを振り、ボールに食らいついていた。その積極的なプレースタイルが、牧原の真骨頂だ。

なのに、怒鳴られた。知らない人に、怒られた。理不尽と言えなくもない。

「どえらいところに、足を踏み込もうとしているんだなと。3軍って、どこか足りない選手が、レベルを上げるために来るわけですよね。だから、僕は3軍というシステムがあったから、よかったんです。1軍と2軍しかない状況だと、一緒に練習しないといけないわけですよね。そうすると『まず無理。勝てない』ってなって、終わっていたと思うんです」

戒めだったのか、気合を入れるための言葉だったのか、今となれば真意は分からない。

それでも、プロに入る前の選手だ。ひょっとしたら、その一言で、心が折れてしまうタイプの選手だっているかもしれない。時代が違えば「パワハラ」と受け止められかねない。

ただ、牧原には、その怒声を受け止め、エネルギーに変えるだけの「反発心」があった。

育成5位指名。ドラフト1位指名は、同じ高校生、習志野高の捕手・山下斐紹。

ドラフト1位の契約金は８０００万円。片や、支度金３００万円。

「今から考えたら、少ないですよね。でも、高校卒業した18歳。僕からすれば、大金でした」

それでも、その金額の差は屈辱でもある。

「僕らにとっては、励みじゃないですけど、やってやろう、より稼いでやろうという気持ちになりますよね」

それが、ハングリー精神というものだろう。

這い上がってこい。

野球界には、理屈を超えた、いまだにその努力の積み重ねを重視する風潮は強い。

つべこべ言わず、やらんか。

なにくそ、負けてたまるか。

そうした反発心を抱けるのか、それとも心が折れてしまうのか。

それは、置かれた環境や、それぞれのパーソナリティーによる部分が大きいようだ。

牧原レベルなら、仮に大学に行って野球をやっていれば、すぐにレギュラーだろう。

なのに、選択した道は「育成選手」という、日本のプロ野球では〝最も下〟にあたるカテゴリー。しかも、できたばかりの「3軍」だ。

「育成って、何だろうって思っていました。プロ野球の世界は、1軍と2軍しか分からないじゃないですか。育成で入っても、当時の心境としては、ホークスに入れて、普通に2軍の試合に出て、結果を出して1軍だと思っていました。3軍とか育成とか、どういうシステムか分かっていなかったんです。どんな感じだろうと、楽しみと不安。入って、結果を出せるのかな、と」

「なんで、お前がプロやねん」

牧原らの「3軍1期生」の入団で、西戸崎の選手寮で部屋が足りなくなった。

プレハブで増室された12室。牧原ら育成指名を受けた新人の育成選手6人は、増室された寮があてがわれた。

「1位から、順番に並んでいました。だから僕、千賀と拓也の間の部屋です」

同期のドラフト1位指名・山下斐紹は、寮の本館2階へと戻っていく。

牧原と同期の甲斐は、同じ年の山下の姿を見ながら「早く〝あっち〟に住みたいと思った」という。

野球はできる。練習も、いつでもやれる。食も住も充実している。

ただ「育成」だ。支配下選手との「格差」は、ありとあらゆるところで表れてくる。

選手会には入れない立場であることも、規定に定められている。

キャンプ中、こんなことがあった。

選手会の総会が行われる。選手会長が、選手会での決議や、今後の議題などを伝え、要望をくみ上げる。ソフトバンク選手会としての意見をまとめることになる。

「育成は、ここで終わり。退出してください」

選手会の一員ではないから、決議などには参加できないのだ。

その線引きは、シビアだ。

「いやいや、同じ選手ですよ、って思いましたね」

ファンの視線も、明らかに違ったという。背番号3桁の選手に、見向きもしない。

ファンが待ち構える中、牧原にサインを求めるファンは誰もいない。

「悔しかったです。求められない。それを一番感じました。人が少なかったですから」

その環境を変えたい。そのためにやるべきことは、はっきりしている。

力をつける。支配下に上がる。１軍に上がる。それしかない。

「野球以外で、いやだと思うことがありましたね」

支配下選手になった途端、ファンが牧原にサインを求めてきたという。

「雁の巣は、ファンの方との距離感が近かったんです。どんな人がいつも来ているか、分かっちゃうんですよね。今考えたら、失礼かもしれないけど、悔しくてサインしませんでした。背番号が１２９のときは来てくれなかったのに、支配下になったら、その瞬間に来るんですかと。それくらい悔しかった。一人一人のブランドとか、名前とか、背番号でしか見てくれていないのかと。そこは、ホントに悔しかったです」

そうした屈辱の経験が、這い上がってやろうという思いの〝強いバネ〟になる。

３軍は、大学生との練習試合も行う。

１軍のように、スタンドから応援歌が流れるわけでもない。大声援もない。

だから、打球音が響き渡る。相手ベンチからの「ヤジ」もクリアに聞こえる。

「なんで、お前がプロやねん」

大学生から、牧原はやじられた。その大学生よりも、明らかに体格では劣っていた。

悔しさで、打ち震えた。

「言い過ぎやな」「あれはむかつくわな」

先輩やチームメートが、ベンチで慰め、励ましてくれたという。

「そういう経験をしているから、今、ドームで野球をやれる喜びがあるんです。育成ってどんな環境であろうと、やるしかない。僕は、やるしかなかったんです。誰も、僕らのことを、入ったときには見ていないじゃないですか」

雁の巣の選手ロッカーも、老朽化していた。玄界灘から吹き付ける海風もきつい。

「海が近いからなんでしょうね。ロッカーに、小さいカニとか出てくるんです。狭いし、しんどかったです。だからこそ、そこから抜け出るんだと。今の筑後って、選手が伸びるように作ってある施設じゃないですか。これは分からないんですけど、筑後になって入ってきた子が、雁の巣でやっていたら、どうなっているのかなと思いますね。想像するだけで、面白いですよ。僕らと同じ考えなら、伸びるのかな。それとも、こんな環境ではやりたくないと腐るのか。そこ、すごく気になります」

バスの通路で寝る

新しいことが始まるときには、混乱は付き物だ。

3軍制の1年目からスタートした四国ILとの交流戦。現在は、バス2台で筑後から四国各県まで向かうが、発足当時は1台だった。

当時の編成育成部長だった小林至は、その〝裏事情〟をこう説明する。

「費用を抑える。その忖度というか、本社へのアピールもあったんです」

さらに小林は、四国遠征時の経費を抑えようと、2つの〝珍提案〟までしている。

「四国だったら、お遍路だろうと。だから、寺に泊まれないか？」

「食事は、ファミリーレストランと提携して、ビュッフェ形式にできないか？」

さすがに、この2つのアイディアには、小林から調査を命じられた永井と星野が「そこまでしなくても大丈夫じゃないですか？」と、やんわり反対したという。

新しいプロジェクトのスタート時に起こるそうした部署間の駆け引きは、やむを得ない部分はある。しかし、そのしわ寄せはどうしても、現場に来るのだ。

牧原も「あのとき、ギューギューでした」と、苦闘のバス移動を振り返る。

8時間の車中で、屈強な若者が隣り合わせに座る。

しかも、牧原も千賀も甲斐も、高卒1年目のルーキーだ。先輩たちに気兼ねして、補助席に座らざるを得ないときもあった。

ちなみにバス2台なら、２席を１人で使える余裕があるのだという。

「ホントにしんどいときは、通路に寝ました。その方が楽だったんです」

これだけ、苦しい思いをしているんだ。

絶対、ここから抜け出してやる。レギュラーになって、いい給料もらうんだ。

そのハングリー精神を養う。そのために、２軍で汗を、そして涙も流す。

そうやって、一流になっていく。

それが、かつてのプロ野球界だった。スポーツ界の精神至上主義はそこだ。

「経験は、でかいと思います。技術だけなら、抜け出せないんです。それだけの気持ちが大事なんです。折れそうになるんですよ、こんなキツイこと、しなくても……って。僕らには上しかない。下はないんです。それが、ホントによかった」

千賀に次ぐ2番目の支配下昇格

その苦労を経験しながらも、牧原にも、試合出場のチャンスは与えられる。

18歳でも、試合に出る。その中で評価される。

力強いバッティング。足も速い。守備も小気味いい。

同期生から一番に抜け出し、2年目に支配下昇格したのは千賀だった。

その千賀に遅れること、わずか2か月。牧原は、同期入団の育成6選手の中では、2番目に支配下に昇格している。

1年目のオフに、豪州へ派遣されているのも、期待の表れだった。

2012年（平成24年）に、川﨑宗則がメジャーのマリナーズへFA移籍。内野手が手薄になり、牧原のユーティリティぶりとそのスピードが、早くも評価されたのだ。

「実力だけじゃなくて、運もありました」

3軍から2軍、育成入団ながら、高卒2年目で1軍へ。

ただ、それが「真のスタート」だったのかもしれない。

出場選手登録されると、すぐに1軍の試合に出た。しかし、ヒットは打てない。

「自分の実力、どんなものかを見せられると思いました。でも、そう簡単に試合に出られない。自信を折られました。上がって、元へまたボーンと戻される感じでした。ドームでプレーする自分が、イメージできなかったんです」

1軍でのプロ初ヒットは、デビューから2年後、2014年7月までかかった。

千賀は2016年（平成28年）に12勝。エースへの道を駆け上がっていた。

「今、すごいと思いますけど」

しかし、入団直後は、マウンドとホームベースの中間地点で、投球がワンバウンドするようなノーコンぶりも見せていた。

「千賀のすごいところは、常に追求していたということですね」

同期の中では、支配下登録をされたのは２０１３年（平成25年）11月と、牧原と千賀よりはずっと遅かった甲斐も、２０１７年（平成29年）に１軍で１０３試合出場、レギュラーの座を手にすると、翌２０１８年（平成30年）の日本シリーズでは、広島の機動力野球を封じ込める６連続盗塁刺のシリーズ記録を樹立、シリーズＭＶＰも獲得した。

「千賀と拓也は、ある程度活躍していた。僕だけ、乗り遅れた感もありました。食らいつこうという気持ちが、技術を上げてくれたところもあります」

甲斐が大ブレークした２０１８年には、牧原も二塁のレギュラーポジションをつかみかけていた。しかし、その年の８月に右足首を痛め、残りのシーズンを棒に振る。

お化けフォーク。甲斐キャノン。

同じ育成からスタートした同級生たちの背中が、少しずつ遠ざかっていくような気がした。

それでも「追う」ことは、決して屈辱ではない。

それが、這い上がってきた男の強さであり、それをきっと「反骨心」というのだろう。

「今でも、ミスとかして、試合でやらかしたとき『俺は育成から入ってきた』。それが気持ちを楽にする思い方なんです。ここでやっているだけでも凄いだろ、って。リスクなんて何も考えないです。だって、下がることがないんですから。大変なのは、支配下から育成になることの方ですよ。最初、支配下からドーン。でも僕らは、バーンと上がって、また落ちても、何も思わない。それ、経験していますから」

牧原の言葉には、経験に裏付けされた〝迫力〟がある。

「闘争心」

２０１９年（令和元年）10月11日。

日本シリーズへの出場権をかけた西武とのクライマックスシリーズ・ファイナルステージの第３戦。牧原は「１番・セカンド」でスタメン出場した。

先発マウンドには千賀が立ち、マスクをかぶったのは甲斐だった。

同期生の３人が、大一番の舞台に立っている。

牧原のバットが、快音を奏で続けた。

１回の第１打席。西武の先発・十亀剣の不安定な立ち上がりを捉え、ライト前ヒットで出塁すると、５番・中村晃の中前タイムリーで、牧原が先制のホームを踏んだ。

２回、１死二、三塁のチャンスで迎えた第２打席は、右翼線を破る２点二塁打。

４回には、１死二塁から、右翼席へ２ラン。３安打４打点の大活躍だ。

千賀と甲斐のバッテリーは、西武打線を８回２安打無失点に封じ込めた。

「うれしかったです。千賀が投げて、拓也が受けて、僕が打つ。それが、こんな大事な試合でできましたから」

バスの通路で、寝たこともあった。

練習試合では、大学生にやじられた。

１軍の壁に打ちのめされ、ライバルたちが、１軍で活躍している姿を見る。

牧原の歩みは、千賀よりも遅かった。甲斐にも追い抜かれた。

しかし今、３人の存在は、ソフトバンクに不可欠な戦力となっている。

牧原大成というプレーヤーには、その下積みの経験が土台となっているのだ。

「絶対にやってやろう。その気持ちは、３人そろって、３人ともあったと思いますよ。今だから、成功できているから言えるんでしょうけど、気持ちの面では、僕らは他の選手にも勝っていたと思いますね」

だから、今の選手が甘いというのではない。かといって、これくらいの悔しい思いをさせないとダメなんだという、単なる精神論に帰着させてしまうようなこともしたくない。

ただ、これだけは強調しておきたい。

牧原の経験談は、時代が違うから、気質が違うからと、単なるノスタルジー、苦労話として扱えるものではないということだ。

ここに、プロのアスリートに欠かせない「魂」があると思う。

抽象的過ぎるかもしれない。感傷的過ぎるのかもしれない。

そんな時代ではない、と見る向きもあるだろう。

根性論は前時代的。そこまで追い込まなくてもいい。もっと、スポーツは楽しまなくてはいけない。そう考えることは、決して悪いことでもなく、間違いでもない。

ただ、それだけでは「プロ」という、生き馬の目を抜くような世界を生き抜けないことも、また、確かなのだ。

プロの世界というのは、アマ時代に、そこらあたりでは無敵、相手にならないというような、圧倒的な力を誇っていた、腕自慢の選手たちが集まってくる場所だ。

その中で「違い」を際立たせるものは、何なのか。

牧原の語る〝若手への苦言〟は、単なる年長者の説教ではなく、尊い経験から抽出される「今の時代の失われたもの」のような気がしてならない。

「一緒にやっていて、誰とは言いませんけど、感じるときはありますね。僕が言うのもなんですけど、必死さ、やってやるぞという感じが、伝わってこない。ポテンシャル、凄い子ばっかりですよ。今の方が、環境はいい。何でもそろっています。でも、彼らが雁の巣に来ていたら、どうなっていたのかなと。育成って、どんな環境であろうが、やるしかないじゃないですか」

負けてたまるか。ここからきっと、抜け出してやる。

その渇望感が、モチベーションになる。

３軍という〝最底辺〟からのスタートから得られるのは、技術だけではなく、プロとして不可欠な「闘争心」も、きっと養われるのだろう。

だから、這い上がってきた男たちは、たくましい。

そういう選手が生まれてくることが「３軍」の強みでもある。

第6章　育成契約はリスクではない

3軍「第2世代」石川柊太

取材対象者と向かい合う前には、当然ながら、あらゆる角度から下調べを行う。

まずプロフィールを確認し、過去の新聞や雑誌の記事を読み込んでいく。普段の立ち振る舞いや、メディアへの対応ぶりはどういった感じなのか。

普段、見聞きしたそうした要素も踏まえながら、想定問答を頭の中で展開していく。

こう質問したら、恐らく、こういう感じで来るだろう。だから、こう答えられたら、次はこう返してみよう。

ただ、その予定調和から外れることこそが、インタビューの醍醐味でもある。

「嵌《は》め取材」という言葉がある。

想定した質問に対して、こちらの予想している、望む答えが欲しい。

しかし、相手もその意図が感じ取れてしまうのだろう。答えに迷い、懐疑的な顔を浮かべたり、会話が途切れたりする間が生まれるのだ。

聞き手も、わずかな沈黙を嫌うかのように「こうですよね？」と畳みかけてしまう。

困ったような、訝《いぶか》しげな顔で「そうですね」

すると、その質問を〝答えた〟ということにしてしまうのだ。

カギ括弧の中に、質問者の言葉をそのまま入れてしまう。

あるいは、文章の最後に「？」をつけ、その質問文に続いて「はい」。つまり、その人の言葉として括ってしまい、カギ括弧の中に「嵌める」のだ。

取材を受けた側が、後に「そういうニュアンスでは言ってない」「そんな話はしていないと思う」といったクレームや異議申し立てをしてくるのは、往々にしてこのケースだ。

石川柊太への取材は、こちらの想定問答を完全にひっくり返されるものだった。

そうした背景を踏まえた上で、この章を読み進めてみてほしい。

石川は、２０１３年（平成25年）の育成ドラフト1位指名でプロ入りした。

身長１８４センチの長身から投げ下ろすストレートと、落差の大きいパワーカーブを生かし、プロ３年目の２０１６年（平成28年）７月に支配下選手に昇格した。

４年目の２０１７年（平成29年）にプロ初勝利を含む８勝を挙げてブレークすると、２０１８年（平成30年）には先発、リリーフの両面で活躍して13勝をマークした。

プロ６年目を終えた２０１９年（令和元年）のシーズン終了時点で、通算78試合、21勝９敗８ホールドの成績は、育成出身という経歴を考慮に入れずとも、十分に「成功」の部類に入る一人だろう。

「第２世代」石川柊太投手

１軍の戦力として不可欠なワンピースとなったこの右腕は、ソフトバンクが３軍制を発足させた後、２０１６年（平成28年）に福岡県筑後市に育成の拠点「ＨＡＷＫＳベースボールパーク筑後」が完成する前、その〝間〟に育成入団している。

「だから、第２世代ですよね」

石川の巧みな表現に、思わず「なるほ

ど」とうなずかされた。

3軍制が発足した直後、千賀、甲斐、牧原の1期生たちは、3軍の「第1世代」。筑後という、他球団に類を見ない育成の一大拠点が整備された後に入団、侍ジャパンにも選出された俊足・周東佑京は、その「第3世代」にあたる。

3軍発足から、筑後ができるまで。

その端境期は「第2世代」

石川は、その期間に育成選手としての日々を送っていた。

「何をリスクと取るか」

「プロに入ったときに、よく『こんな球、見たことない』とか、あるじゃないですか？　レベルの違いを感じるときですね。そういうのが、自分にはなかったんです。自分の中で『これは、ちょっとやべーな』というイメージは、入った時点でなかったんですよ。自分に自信がない方だったんですけど、それがなくて……。大学で、小川さんがいたというのもありましたね。すごくレベルの高い先輩がいましたから」

創価大の1年先輩が、東京ヤクルトのエース・小川泰弘だった。

投球時に、左足を高く上げる豪快なモーションと、伸びのある速球から、元テキサス・レンジャースの鉄腕・ノーラン・ライアンにちなんで「ライアン小川」の異名を持つ右腕は、入団１年目の２０１３年（平成25年）に16勝を挙げて最多勝、新人王に輝いている。

石川は、その偉大なる先輩と比べても「小川よりいい球を投げる」と称された。しかし大学１年時に右肘を故障。１年間は全く実戦で投げられなかった。

大学での公式戦初登板は、３年秋のリーグ戦だった。

「３年までは、小川さんがそれこそ、試合の最後まで投げるわけですし、１年下にもいい後輩がいたんです。投げる〝スキ〟がなかったんですよ」

それでも、４年秋のリーグでは４勝無敗の好成績を残した。

「素質は十分ありました。でもすぐに〝壊れるタイプ〟でしたね」

当時、ソフトバンクの編成育成部長だった小林至も、石川をそう評している。

都立総合工科高では、３年時の２００９年（平成21年）に春季都大会でベスト8、同年夏も東東京大会でベスト8。甲子園にも縁がない都立高だけに、石川の潜在能力が垣間見える上位進出でもある。

「いいものがある。そう言われる割に、高校のときはあまり投げられなかったんです。創価大でも、エリートじゃないですもんね」

肘が治れば、そして、体ができれば、間違いなく一級品の投手になる。

こういう隠れた逸材こそ、ソフトバンクの狙い目だ。

ただ、本指名じゃない。育成での指名になる。

高校、大学時代の状況を考慮に入れた上で、私が準備した質問はこうだった。

大学を出て、育成。それだと、契約金もほとんど出ない。

1軍、いや、支配下に上がれるかどうかも分からない。そうすると給料も高くない。

下手したら、3年で終わってしまう。

立場も、経済的にも、あまりにも「リスキー」ではないのか。

周りから「育成はやめておけ」という反対の声とか、あったでしょ?

これらの質問を投げかけたとき、石川の表情がさっと変わった。

「リスク、ですか?」

そう呟くと、しばし、沈黙が訪れた。

言葉を選んでいる。いろいろな思いを振り返り、自問自答しているのが分かった。

メディアに対しても、いやな顔一つせず、取材に応じてくれる。

２０１８年（平成30年）の日本シリーズ中に右肘を痛め、登板できないときにも、報道陣に自ら、その状況を説明し、悔しい思いも語ってくれる、実に誠実な男だ。

大ファンを公言している「ももいろクローバーZ」。コンサートにも足を運び、推しメンの佐々木彩夏に作詞してもらったオリジナル曲を、マウンドへ向かう際の登場曲にしている。

「石川、仕事しろ！」

２０１９年（令和元年）のクライマックスシリーズ、ファーストステージでの登板。

曲の冒頭のフレーズに、本拠地のファンが「ああ、ももクロか」

そうしたお茶目な部分も、ファンに愛されている。いつも明るく、周囲にも笑顔が絶えない。その陽性の男が、訝しげに首を傾けている。

「リスクというのが、何を指しているか、なんですよね」

その「リスク」という言葉が、引っかかったのだ。

「人生、何をリスクと取るか、ですよね。自信って、自己評価じゃないですか。自信があるから、プロに行くんじゃなくて、客観的に自分を見られていれば、選択ができると思うんですよね。（育成で）入ってくることがリスクなら、それは回避できると思う。周りで見てくれている人もいるし、いくらでも回避できる。そういう目を持っておけばいい。だから、育成だから入んなきゃ良かったなんて思う人、いるのかな？　そんな話、あんまり聞かないですもん。自分なりにやり切って、ダメだった。それは、チャンスが広がっているからこそですよね。みんなにチャンスはある。その中でできなかったからクビ。だから入んなきゃよかったと思っている人はいないと思いますよ。

それは、はっきりしています。はっきりしているからこそ、３軍制はあった方がいいと思います。チャンスがあるから」

大学時代の石川は、自らの「未来の可能性」を信じていた。

目立った実績は残せていない。それでも、その潜在能力は周囲も評価してくれた。

大学卒業後、ＮＰＢからのドラフト指名がなければ、四国ＩＬ、つまり、独立リーグで野球を続けるつもりだったという。

今しか、やれない。だからこそ、プロの世界で勝負する。

人生というのは、悲しいかな、一方通行なのだ。

誰にも平等に、月日は流れていく。チャンスは「今」しかない。

「だから、3軍制は、野球選手としてリスクはないんです。間違いなく、チャンスが広がるんです」

石川は「チャンス」という単語を繰り返し強調した。

そこで、はたと気づかされた。

私の質問の前提が「ダメだったとき」になっていたのだ。

契約金は「退職金の前払い」とも言われている。

サラリーマンが長年、一つの会社に勤め上げる。年功序列制の雇用形態は、年齢とともに給料が上がっていく。60歳の定年を迎えると、数千万円の退職金を手にできる。

日々の安定と、将来への備え。

それらを享受できることが、終身雇用制における最大のメリットともいえるだろう。

野球選手は、会社員の退職金をプロ入りするとき、つまり「先」にもらうという解釈だ。

育成だと、その「退職金の前払い」がない。

最低年俸も240万円。一般企業の新入社員とそう変わらないレベルだろう。

大学まで出て、そんな危なっかしい世界に、しかも立場が保証されていないところへ、あえて飛び込まなくてもいいじゃないか。

己の実力を、過信しない方がいいよ。そんな訳知り顔で語ってしまったりする。

私の質問には、ついつい、そんな世間の〝うがった視線〟が入っていたのだ。

「費用対効果ということで言うと、選手一人一人をお金でしか見ていないことになるし、お金だけで見たら、返ってきていないという評価はあるかもしれません。実力も厳しい、キツイっすね、レベルが違うね。でも、それで終わっていけるのは、むしろ幸せな野球人生じゃないですか？　もっとやれたのに、という選手は、他の球団の2軍とか育成選手なら、いたと思うんですよ。そこで終われればいいけど、独立リーグに行ったり、自分で区切りをつけようとする選手、いっぱいいるじゃないですか。

でも、3軍制があることで、辞めていった選手の不満は少ないと思います。そういう気持ちで辞めていける、そういう野球選手を、球団として持つ、野球人生を抱える。その効果はありますよ。そこを含めて、選手は幸せじゃないですかね。ホークスの3軍制って、育成力という点だけじゃなく、そこを含めて、幸せだと思うんです。そういう気がしますよ」

ここで、やってみる。全力を尽くして、夢を追ってみる。

大学を出て「プロ野球」の世界に、自ら身を投じる。

22歳の時点で、その「覚悟」を持って、一つのことに取り組む。

自分の描いた「未来図」を、現実のものに変えてみせる。

それができるか、できないか。

覚悟、決意、執念。

それらが人並み以上にあったからこそ、石川も「3軍」から這い上がってきたのだ。

世代間のギャップ

「年功序列型賃金」と「終身雇用制度」

令和の新時代を迎え、そうした「日本型経営」の特色ともいえる前提が揺らぎ始めている。

日本の大手企業を中心に構成される「日本経済団体連合会」。略して「経団連」

２０１９年（令和元年）5月、経団連会長・中西宏明（日立製作所会長）は「終身雇用を前提とすることが限界になっている」と発言した。

さらに、2020年（令和2年）1月に、経団連は「経営労働政策特別委員会報告」を発表。その中で提議されたのは、日本型雇用慣行の「見直し」だった。

年功序列型から、成果や職務に応じた賃金体系へ。

新卒一括採用の見直し。

技術を持った即戦力を採用するために、日本型とは異なる雇用体系への改革。

社会環境の変化や、経済のグローバル化。そうした時代背景から、それらの「変革」はもはや、不可避なのだろう。ただ、あえて皮肉を込めて表現すれば、そうした「日本型雇用慣行」の「恩恵」を享受してきた世代が、その「前提」を変えようとしているのだ。

そうした過渡期に、変革の混乱としわ寄せの影響を受けるのは、変えられた前提に従わされる、未来の日本社会を支えていかなければならない「若年世代」なのだ。

東京商工リサーチの調査によると、2018年（平成30年）に倒産した国内企業の平均寿命は「24年」だった。

一方で、時代の変化が加速度を増していく状況でありながら、社会全体の高齢化、個人の長寿化で、大卒でも70歳から75歳まで働く時代になってきた。

企業の〝短命化〟の一方で、人の「職業寿命」は、50年近くに及ぶ計算になる。

単純計算でも、一生の間に、転職を2度ほどするのが当たり前になってくる。

人材派遣会社パソナグループの「パソナ総合研究所」が、２０１９年（令和元年）９月から10月にかけて、就職活動に臨んでいる大学生、大学院生の４０７７人からインターネットで回答を得た調査データが、２０２０年（令和２年）１月に発表されている。

同じ会社で働き、定年を迎えたいと希望する人は、男女合わせて「56・３％」

定年までの就労を希望しない人は、同「43・５％」

その「希望しない人」が挙げた理由の中で「日本の終身雇用はいずれなくなる」を選んだのは「42・４％」だった。

マイナビ「２０１９年新入社員１カ月後の意識調査」で「新入社員が今の会社で何年働くと思っているか？」という調査データがある。

「３年以内」が「22・２％」

「４年～５年ぐらい」が「14・９％」

「６年～10年くらい」が「９・８％」

これらを合わせると「46・９％」となる。

「定年まで」は「21・８％」にとどまっている。

つまり、新入社員の半数近くが、10年以内での転職を視野に入れているのだ。

1991年（平成3年）生まれの石川にとって、高度経済成長期も、バブル期も、教科書で知るだけの、単なる歴史的事実でしかない。

むしろ、物心がついた頃には、日本の経済は下降線だったのだ。

一方で、1967年（昭和42年）生まれ、就職時にはまだバブル期の名残があった私が大学の経済学部にいたときに学んだのは「日米経済摩擦」だった。

日本の強すぎる経済力。貿易黒字が膨らみ、その不均衡が大問題となっていた。

ジャパン・アズ・ナンバーワン。

大企業に入ることが、何よりの成功といわれた。

ゼミの同期生たちの就職先は、銀行、商社、証券会社。

日本の、いや、世界に名だたる超一流企業の名前が、卒業前に渡された名簿の就職先の欄に、ずらりと並んでいた。

スポーツ新聞を就職先に選んだ私は、同級生から、知人から、両親から、親戚から、同じことを何度も、繰り返して聞かれたものだった。

「なんで、銀行とか行かないの?」

銀行は、潰れない。そこにいることが、生活の、そして将来の「安定」につながる。

その時代の常識は、もはや、石川たちの時代にはない。

かつては「失われた20年」

それが今は「失われた30年」に〝延伸〟されている。

平成生まれの石川らは、日本経済の後退期しか知らないのだ。

環境や置かれた状況が違えば、人間の発想も感性も、間違いなく変わってくる。

幼い頃から、スマホが当たり前。調べ物は、本ではなくインターネット。作文もレポートも手書きではなく、パソコンで入力し、プリンターで印刷したものを提出する。

学校で受けた教育も、友達との付き合い方も、彼らの「上の世代」とは全く違う。

前提が違えば「社会的リスク」と呼ばれるものへの捉え方も、違ってくるのだ。

「終身雇用もなくなってきているじゃないですか。だから、転職ですよね。3年でダメなら、次に転職。そういう時代じゃないですか。今の時代だからこそ、逆に大チャンスなんだと思いますよ。環境が整っているから、あとは、自分でそれを活用していくしかない。大変ですし、君ならいけるよ、と無責任なことは自分には言えません。でも、言えるのは、ホークスに入ったら、後悔する野球人生じゃなく、納得してやれますよ」

この「職業観」に「世代間のギャップ」が表れているのだ。

セカンドキャリアのサポート

ＮＰＢ（日本野球機構）が発表した「２０１８年戦力外、現役引退選手の進路調査結果」によると、調査対象の１３６人の平均年齢は「29・2歳」。平均在籍年数は「８・３年」

１つの会社に「10年以内」と考える新入社員が半数近いという先のデータと、ほぼ一致する数字でもある。プロ野球選手の場合、一部のスター選手のように、自分で引退時期を決めることが許される立場の人間も、確かにいる。

しかし、大多数のプレーヤーは、自らの意思に反し、球団から戦力外通告、あるいは引退勧告を受ける。一般企業でいえば〝肩たたき〟、リストラの一環ともいえるかもしれない。

その時期が、８年でやって来る。

高卒でも、大卒でも、30歳手前で〝１度目の退職〟を余儀なくされるというわけだ。

20年、30年、40年と、１つの会社で「務め上げる」ことを前提に、長期間の雇用という「安定」を手にする。その「前世代の常識」がスタンダードだった時代には、その「８年」

は、あまりにも短く、不安定にも映る。

しかし、先のデータでも分かるように、若年世代は「10年」を基本線に置いている。それどころか、もはや、彼らの上の世代のように、何十年ものスパンで、人生を設計することが、難しくなってしまっているのだ。

育成選手は、3年の間に支配下選手に昇格できなければ、いったん、自由契約になる。そこで、育成として再契約するか、あるいはそのまま戦力外となるのか。

いずれにせよ「3年」が、一つの目安になる。

「10年」で考えるのか、「30年」で考えるのか。

物事を捉える、その「前提の期間」が違えば、育成としての立場への考え方も、間違いなく、世代間で変わってくる。

そもそも、見えない不安で、最初からしり込みしてしまうようなメンタリティでは、プロの世界での成功はおぼつかない。育成でも、3軍でも構わない。まずはプロの世界に足を踏み入れなければ、プロ野球選手として活躍し、成功してみせるという「夢」は、手にすることはできない。

「高校生でも『1位指名じゃなきゃ行かない』とか、少し前の頃にはあったじゃないですか。

その人の意見だから構わないんですけど、何を考えているのかな、と思いましたね。3軍制で、選ばれる幅が広がるんです。それは間違いない。プロに行かないという理由がないじゃないですか。チャンスが少なくても、あるんだから、幸せなんですよ」

閉塞感すら漂う今の社会の中で、チャンスをつかめるかもしれないという「環境」に飛び込まないという理由がない。

その「場」を「リスク」と捉える私の質問は、石川にとって、違和感の塊だったのだろう。

3軍育ちの石川が言うことだから、当事者の思いだから、それをすべて「是」と受け取って、だから「3軍制は素晴らしい」「若者へのチャンスが広がる」という、単純な結論と賛辞に導くような愚は、ここでは避けたい。

ただ、時代の流れ、社会環境の目まぐるしい変化の中で、3軍制の持つ「意議」は、若き野球人たちの「気質」に、ぴたりとはまっているのだということは、間違いないようだ。

「第1世代」の千賀滉大、甲斐拓也、牧原大成には、ひりひりとした反骨心や、ここからのし上がってやるという、強烈なハングリー精神が感じられた。

もちろん、この〝熱さ〟がなければ、競争社会の中で生き残っていくことはできない。

しかし「第2世代」の石川柊太には、さらに後に言及する「第3世代」の大竹耕太郎や周東佑京には、そうしたガツガツした飢餓感や悲壮感のようなものが、千賀、甲斐、牧原に比べたら、どこかしら、薄いような感じがするのだ。

何度も繰り返すが、それを否定的に見ているのでは決してない。

ここで、ちょっと視点を変えてみたい。

「頑張ったら、チャンスをつかめるよ」という甘言だけで、自己責任で突き放すというのは、企業としては少々、無責任な姿勢にも映りかねない。

ソフトバンクは、育成選手の「セーフティネット」も充実させている。

三笠杉彦ＧＭ

米国の４大プロスポーツと呼ばれているのは、野球（ＭＬＢ）、アメリカンフットボール（ＮＦＬ）、バスケットボール（ＮＢＡ）、アイスホッケー（ＮＨＬ）

そのうち、野球以外の３競技には、プロに「育成組織」がない。

「カレッジスポーツの地位が確立されていて、選手は大学からくる。大学がマイナーを兼ねているんです」

そう説明するソフトバンクのゼネラルマネジャー（ＧＭ）の三

笠杉彦は、チーム編成上の総責任者という立場から、そうした米国発のプロスポーツにおける「育成の理念」を、3軍制のコンセプトの中に、きっちりと練り込んでいる。

「ピラミッドの中で、若いときしかやれないのがプロスポーツの特徴なんです。その大きな背景として、育成選手には大きな契約金を渡せない。契約金は退職金代わりでもありますから、そうじゃない人を預かるときには、セカンドキャリア、教育を与えることを考えないと、社会的責任を果たしたことにはならないんです。NBAやNFLには、合理性があるわけです。そういう（育成の）ところは大学に吸収させておけば、プロで失敗しても『大卒』なんです。だから、セカンドキャリアのサポートは、育成、3軍とセットです」

育成で戦力外になった選手で、希望者に対しては、球団はソフトバンクグループ内で、セカンドキャリアをサポートすることを約束するという。

その「懐の深さ」も、大企業の力である。

「飛び込んでくるときには、その「最悪の時」は考えていないかもしれない。

ただ、そうした〝備え〟は、送り出す親や学校といった、周囲の人々に「安心材料」として、見せることができる。

本人の意思を尊重してあげられる環境も作っておく。だから、こう言えるのだ。

ここから、這い上がれ——。

「3軍」には、夢がある

石川も、入団から2年間、2軍での登板がなかった。

支配下に昇格したのは3年目。1軍初勝利は4年目。

高卒の千賀と牧原が2年目、甲斐も3年目で支配下に昇格していることと比べれば、大卒の石川が歩んだその道のりは、決して順調なものではなかったともいえる。

「支配下になるまでの壁があるのは知っていました。ホークスって、他の球団の育成から支配下に上がる基準と全然違うんです。他の球団なら『1軍で使えるかも』で支配下。ホークスは『明日から1軍で投げられる』となって支配下。抜いたから、ではなく、抜いて、1軍に追いついて、支配下になる。レベルは高かったです。でも、その中で、モチベーションを高めるのは苦じゃなかった。頑張れる要素があったんです」

ファームの公式戦では、育成選手は1試合5人のベンチ入りの制限がある。

だから、ソフトバンクの場合、2軍の試合に出ようと思えば、チーム内の厳しいふるいにかけられるのだ。

ダメなら、3軍。よければ2軍。

2軍に上がれなければ、1軍への、そして支配下昇格へのチャンスもない。

そのために、試合をする。3軍とは、そのための組織なのだ。

「野球選手で辛いのは、試合に出られないことですよ。（2軍制の）他の球団みたいに、育成が例えば5人くらいいたら、そんなチャンスで、何を見せるのってことですよ。いい選手と言われても、試合に出られなければ、なんで練習しているのか分からない。披露する場がなければ、野球をやっている意味がない。そういうパターンが、3軍ではない。だから、野球選手として、リスクはないんです」

石川の育成当時の練習場は雁の巣、寮は西戸崎だった。

寮が面している博多湾の向こう岸に、福岡ドームが見える。

ドームは「1軍」のシンボルでもある。

育成選手でいる限り、その舞台で、大観衆の前でプレーできることは、夢のまた夢だ。

千賀も、甲斐も、牧原も、石川も、同じ思いを語ってくれた。

その距離は「果てしなく遠い」と。

しかし、結果を出せば、いつかは必ず、そこにたどり着ける。

単純明快な論理。そのチャンスは間違いなく、目の前にある。

それをつかむのは、自分次第だ。

「一般の方々だと、やっぱり『育成だと……』って思うのかな？」

それが、石川の素朴な疑問だった。

「よければ、上がる。以上、終わりです。入っちゃえば、ですよ。今思うと、プロに行かない理由が、なかったですね」

「3軍」には、夢がある。

そこへ飛び込むことを「リスク」と捉えることの方が、むしろおかしいのかもしれない。

石川と話したことで、私の方が、たくさんの「気づき」をもらえた。

第7章　野球の街

「HAWKSベースボールパーク筑後」

九州新幹線「つばめ」で、博多から３駅目。

筑後船小屋駅に到着するアナウンスが、ちょうど車内に流れ始めた頃だった。

「タマホームスタジアム筑後」

グレーの外壁に記された、黒く、力強い大きな文字が、右側の窓から見て取れた。

改札口を出て、左側の出口へ。

正面に見える鹿児島本線の在来線も、新幹線と同じ駅名だ。

駅前のロータリーの中央部に埋め込まれた「筑後船小屋駅」

そのプレートの真下に張られた横断幕が、どこか誇らしげに見える。

タマホームスタジアム筑後

筑後船小屋駅前。「優勝おめでとう!!」の横断幕

「優勝おめでとう!!」

２０１９年、令和最初のウエスタン・リーグを制し、イースタン・リーグの覇者・東北楽天とのジュニア日本選手権にも勝利して「ファーム日本一」に輝いた。

おらが町のチームの栄誉は、まさしく、街のプライドと喜びでもある。

ロータリーの出口に立つ案内板までもが、ソフトバンクの企業カラーであるイエローだ。

「若鷹育成の街　ようこそ筑後市へ」

これを右手に見ながら、鹿児島本線の踏切を渡ると、そこはもう「若鷹の聖地」だ。

敷地面積７万１６４３・８５平方メートルは、甲子園球場のおよそ2個分。

この一大拠点が「ＨＡＷＫＳベースボールパーク筑後」になる。

新幹線の窓から見えたのは、２軍のメーン球場。その一塁側スタンド後方には、３軍のメーン球場となる「ホークススタジアム筑後第二」が隣接している。

２つの球場は、いずれも両翼１００メートル、センター１２２メートル。

これは、１軍の本拠地・福岡ＰａｙＰａｙドームと同じ大きさだ。

グレーの大きな三角屋根の建物は室内練習場。防球ネットを張った上で、60メートル四方の内野フィールドが確保でき、選手たちがノックを受けたり、打撃練習を行ったりするのにも、十分な広さがある。

打撃練習用には４レーン、投球練習用にも６レーン。

選手たちは、それこそ思いついたら、いつでも練習ができる。

地上３階建て、計44室の選手寮は、この室内練習場とつながっている。

「HAWKSベースボールパーク筑後」全景。右が「タマホームスタジアム筑後」、左が３軍用の「ホークススタジアム筑後第二」　写真提供：筑後市役所

ソフトバンクが、およそ60億円を投入して完成させたこの筑後の地から、新人選手たちは、プロ生活をスタートさせる。

ここから、次代のホークスを支えるスターたちが生まれてくるのだ。

「ちょっとお金はかかるけど、3軍をやらないといけない。一気通貫の指導をやるためには、どんと作るしかないだろう。今、考えたら、よかったですよ」

GMは、チームのメンバー編成、戦力の補強など、現場を統括する最高責任者でもある。

２０１９年（令和元年）5月からその重責を担う三笠杉彦は、3軍制の構想段階から、筑後の選定、竣工、建設、完成、稼働に至る、そのすべてのプロセスを見届けてきたキーマンである。

　２０１５年（平成27年）３月から翌16年３月の開業まで、三笠は「筑後ファーム準備室長」も務めてきた。筑後市をはじめ、周辺自治体との連携に関する調整も行うなど、スムーズな事業の発進のためのかじ取り役でもあった。

「最後、開業に向けて、組織やプロジェクトの諸々ですね。これを、推進室に渡すための組織として、その名前を作ったんです」

　球団には「筑後事業推進室」という部署がある。

　ファームを核とした、地域とともに行うビジネスを統括する部署は、三笠が責任者だった準備室から、その仕事を受け継いでいる。

「野球の街」を、筑後市と一緒に作り上げていく。

　地域密着の球団経営。

室内練習場

選手寮

これが、筑後における重要なコンセプトでもある。

筑後の〝礎〟を築いた男

岩手・釜石市出身の三笠は、筋金入りの「ラガーマン」である。

東大ラグビー部でのポジションはセンター。さらに、２００６年（平成18年）からの２年間、母校の東大ラグビー部の監督も務めている。

英国のカーディフ大学大学院でＭＢＡを取得。２００４年（平成16年）に日本テレコムからソフトバンクに転籍し、２００８年（平成20年）から球団へやって来た。

「3軍は、最初から携わりましたね」

そう語る三笠にとって、３軍創設時に編成育成部長を務めていた小林至は、東大の先輩でもある。

今回の取材で感じたのは、名称こそ違っているが、編成部門のトップを担う2人の〝タイプの違い〟だった。

小林は、時に「これは書けないでしょうけどね」という際どい裏話も披露してくれる。

話が脱線することもたびたびだ。話がうまく通じなかった相手の実名を挙げ、当時の苦悩も、赤裸々に明かしてくれたりもした。

対照的に、三笠は決して、そうした派手な言い回しや、リップサービス的なことは言わない。球団から離れた小林と、当事者である三笠との立場の違いはあるかもしれないが、船出した組織を巧みに操縦し、メンテナンスをしながら、目的地へ向かう。

そうした安定航行の船長としての冷静な分析には、うなずかされることが多い。

「地域密着を図る。その独自性を出したいとイメージしていました。ただ、そこをすっ飛ばして、やっぱり『ラグビー』って言うと……ね」

ラグビー、イングランドとくれば、地域のスポーツクラブ。

プロ野球、育成拠点、筑後。

ならばと、つい、そう連関させる質問をしてしまい、やんわりと咎められた。

それでも、筑後の〝礎〟を築いた男の話は、あらゆる示唆に富んでいた。

雁の巣、西戸崎の老朽化と手狭さ

2013年（平成25年）
3軍1期生であり、2011年（平成23年）の育成ドラフト4位指名でプロ入りした千賀滉大が、セットアッパーとして台頭。その年、オールスターにも初出場している。

１５０キロを超える剛速球と、打者の手元で「消える」とまで言われる落差の大きい「お化けフォーク」で、日本を代表する投手へと駆け上がろうとしていた。

千賀滉大という埋もれた逸材を発掘し、育て上げ、成長させた。

球団内で「育成の重要性」が共有でき、さらには「育成上手のソフトバンク」という、また新たな評判を得ることにもなった。

何千万円という契約金を、払ったわけではない。千賀への「支度金」は３００万円。その少ない先行投資で、千賀のような逸材を発掘し、秘めた素質を開花させたのだ。

投資効率、費用対効果としては、これ以上のビッグヒットはない。

一つの成功事例は、次なる投資への意欲を、そして携わってきた人々の、今後へのさらなるモチベーションにもつながっていく。

それが、ビジネスでの好循環でもある。

こうして、育成の意義と意欲がさらに高まるにつれて、問題点も見えてきた。

雁の巣、西戸崎の「現有の育成施設」の老朽化と、その手狭さだった。

１９８９年（平成元年）

南海を買収して誕生した福岡ダイエーホークスは、本拠地を大阪から博多へ移転した。

西戸崎寮は、福岡市東区にあり、１９９３年（平成５年）に完成した福岡ドーム（当時）を背にして玄界灘を望むと、その左前方にあたる。

晴れた日には、陽炎が立つ博多湾の向こう岸に、赤茶色のドームの屋根がくっきりと見えるその寮は３階建てで、30室を有していた。

これが、育成選手の増員に伴い、部屋数が足りなくなった。

２０１０年（平成22年）シーズンの育成選手は７人だったが、３軍制の発足に伴い、千賀、甲斐、牧原を含め、育成ドラフトで６人を指名するなど、２０１１年（平成23年）には、育成選手が一挙に17人となった。

そこで、敷地内にプレハブを建て、育成選手用の〝増設寮〟を設置したのだ。

２０１２年には22人、13年も24人。

寮内の食堂、浴場、トレーニング施設。人数が増えれば、手狭になってくるのは当然だ。

グラウンドの問題も、大きな影を落とし始めていた。

西戸崎寮から車で数分、東へ走ったところにある「雁の巣球場」は「雁の巣レクリエーションセンター」内にある。

両翼98メートル、中堅122メートル。ファームの試合を行うにも、さらには1軍が練習する場合でも、十分な広さを備えている。

軟式野球場が11面、小さめの硬式野球場がもう1面ある。他にもソフトボール場、球技場、テニス、バレーボール、サイクリング、多目的グラウンドと、まさに福岡市のスポーツの一大拠点。天然芝のA球技場は、Jリーグのアビスパ福岡の練習場でもある。

三笠が最初に検討したのは、雁の巣の改修だった。

「3軍のオペレーションに合うように、増設できないかと。今、筑後でやっていることをまずは雁の巣でやれないかと、調整していたんです」

室内練習場と寮を、雁の巣に造る。

球場も整備する。防球ネットやスタンドの整備は球団が行う。

要は、レクリエーションセンター内に、そのための用地を提供してくれればいい。

ところが、雁の巣球場は福岡市の所有でありながら、土地は国のものだった。

そのねじれから調整が難航した。こういう用地関係の混乱は、簡単に解消できない。

福岡市に問い合わせれば「国に聞いてくれ」

国に聞けば「福岡市に聞いてくれ」

官とのビジネスとなると、たびたび発生する「たらい回し」の状態だ。

ならば、自分たちで造ってしまおうじゃないか――。

そのための〝下準備〟も、怠りなく、着々と進めていた。


「地域に根差した先輩」


毎年、球団職員が代わる代わる、マイナー球団の視察のために渡米していた。

メジャーの本拠地と違って、地方の小さな都市を核にした球団経営は、地域密着の球団経営の、絶好のお手本だった。派遣された職員たちは、自分たちが気づいたこと、見てきたことをレポートにまとめ、それを球団内でシェアしていた。

三笠が視察に出向いたときにも、印象的なことがあったという。

「コミュニティーセンターみたいなところなんですね、球場がある場所は。みんなで集まって、お酒を飲みに来るような感じですよ。ニューヨークとか、東海岸の大都市で働いていた人がリタイアして、ボランティアで掃除をしたりしていたんですね」

野球を介して、人々の付き合いがあり、生活の中に根差している。

職員たちが見て、感じてきた「地域密着の理念」が、レポートの中に記されていたという。

「地域密着を図る。僕は釜石の出身なんですが、今の釜石には感じますよね」

釜石は、そもそもラグビーが盛んな街だった。

１９７８年（昭和53年）から、日本選手権7連覇。

「ミスター・ラグビー」と呼ばれた名スタンドオフ・松尾雄治らを擁し、日本ラグビー界に一時代を築いた「北の鉄人」こと、新日鐵釜石ラグビー部。

選手たちは、街の誇りであり、ヒーローでもある。

東日本大震災で大きな被害を受け、傷ついたその小さな町に、ラグビー専用の球場が造られた。２０１９年（令和元年）には、ラグビーワールドカップ（W杯）の試合も行われた。

釜石の歴史は、ラグビーとともにある。街の中心に「ラグビー」がある。

それが釜石の人たちのプライドでもあり、街のアイデンティティにもつながる。

マイナーリーグのような、そして、釜石のような街を創りたい。

「11球団のファームを、すべて見に行きました」

そのヒントを求めて、三笠は全国を行脚した。

その中から「地域に根差した先輩」と三笠が表現したモデルが見つかった。

北海道日本ハムのファームが本拠地とする千葉・鎌ケ谷だった。


「ファイターズ鎌ケ谷スタジアム」

２００４年（平成16年）

北海道日本ハムは、１軍本拠地を東京から札幌に移転した。

それ以降、１軍と２軍は、本拠地がセパレートになっている。

２軍の本拠地「ファイターズ鎌ケ谷スタジアム」は、中堅１２２メートル、両翼１００メートルで、１軍の本拠地・札幌ドームと同じスケールだ。

敷地面積５万８０００平方メートルは、甲子園球場のおよそ１・５個分。

球場に隣接するその敷地内には、室内練習場と選手寮の「勇翔寮」もある。

１９９７年（平成９年）に、総工費およそ１３０億円を投入したこの一大育成拠点から、ダルビッシュ有（現シカゴ・カブス）も、大谷翔平（現アナハイム・エンゼルス）も、プロ生活のスタートを切っている。

その鎌ケ谷は、日本ハムが自前で建設している。

つまり、ファームの一大拠点として鎌ケ谷を開発することで、地域密着型の球団運営を展開してきたのだ。

GM補佐を務める遠藤良平は、第1章で前述したように、1999年（平成11年）のドラフト会議で日本ハムから7位指名を受け、東大からプロ入りした左腕投手だ。

現役時代の2年間、遠藤はこの鎌ケ谷で生活を送っている。

「こうやって、計画的に造られた2軍の施設が、その当時、ほとんどなかったと思うんです。学生時代は、トレーニングをする場所まで、時間を確保して行かないといけなかったわけです。そういうことを考えると、鎌ケ谷は最高でした。しっかりとした食事も摂れる。トレーニングの時間も、体と気持ちがあれば、どこまでも、いつでも取れますからね」

球場、寮、室内練習場。その「職住近接」のスタイルは、選手の育成には不可欠だろう。

遠藤が、その〝先駆け〟として挙げたのは西武だった。

「西武は、計画的に造ったんだろうと思います。計画段階から造るのであれば、あのスタイルがいいんです。最初から計画しないとできませんからね。寮にしても、室内練習場にしても、球場の近くに後付けすることはできないんです。キャンプ地もそうですよ」

西武の場合、1軍本拠地のメットライフドームに隣接して、2軍本拠地の西武第二球場と若獅子寮、室内練習場がある。

前身のクラウンライターから球団を買収、これに伴い、博多から埼玉・所沢に本拠地を移した１９７９年（昭和54年）から使用していた若獅子寮と室内練習場は、２０１９年（令和元年）７月にリニューアルしている。

40年も前に、西武は「職住近接」の育成拠点を造り上げていた。

監督を務めながら、球団管理部長も兼任していた根本陸夫のアイディアだった。

ホークスの「強さの基礎」を築いた「球界の寝業師」が、昭和の時代から実行に移していた「育成のコンセプト」は、21世紀に入っても、脈々と受け継がれているのだ。


日本ハムは、２００４年（平成16年）に、１軍本拠地を北海道札幌市に移転。２軍本拠地の千葉・鎌ケ谷とは、１、２軍の選手入れ替えなどを考えれば、遠すぎる感は否めない。

それでも、２軍のイースタン・リーグの他６球団の本拠地は、東北楽天が宮城県仙台市、千葉ロッテは埼玉県さいたま市、西武も埼玉県所沢市、東京ヤクルトは埼玉県戸田市、巨人が神奈川県川崎市。日本ハムが２軍の本拠地も北海道へ持っていくと、北海道への遠征費、つまり移動の飛行機代が、各球団に大きくかさんでくる。

そもそも、育成が主のファームは稼ぐ組織ではなく、コストセンターになってしまうのは、構造上やむを得ない。この経費を、各球団は何とかして抑えたい。

「毎回、遠征で飛行機というのもどうかと。いろいろな要素がありますね。冬、寒くないところに、拠点を置いておくというのも一つの理由です」

遠藤が明かすように、こうした種々の事情も踏まえながら、日本ハムは鎌ケ谷を育成拠点化するため、自社で造ったスタジアムを核とした「地域密着の球団経営」に注力した。

左翼ポール近くの三塁側スタンドには「畑」があり、そこで地域の子供たちがサツマイモを栽培したりする。夏には花火大会が開催され、「北海道シリーズ」と銘打たれた試合開催日には、北海道の名店がブースを出店するなど、多彩なイベントが展開され、ファンを喜ばせている。

こうしたファン参加型の取り組みで、２０１９年（令和元年）には、鎌ケ谷の主催56試合で、８万４１７８人の観客動員を集めた。１試合平均だと１５００人超を数える。

８万人の大台も、１試合平均も、いずれも球団史上最多をマークしている。

地方球場での４試合を含めての60試合だと、観客動員は９万７３１６人。これはソフトバンク（12万５７０９人・59試合）、中日（11万３２７４人・56試合）、巨人（10万１０３６

人・64試合）に次ぎ、12球団中でも4位の数字を誇る。

ソフトバンクが目指したのは、鎌ケ谷の「にぎわい」を作り、球場、室内練習場、寮が一体となった、職住近接の、鎌ケ谷のような「野球の街」を作ることだった。

三笠にとって、遠藤は東大の後輩にあたる。

「野球のことを、いろいろと教えてもらえるんで」

三笠は、日本ハムの「拠点作り」を、遠藤を通して学んだという。

地域とともに、プロスポーツが発展していく。

「野球の街」を創る——。そのコンセプトは固まった。

あとは、そのための「場所」だった。

その選定のために採った方法は『常識の逆転』だった。

〝逆入札制〟

米国では、メジャー球団のキャンプ地や本拠地を誘致するために、球場や関連施設を自治体が整備し、その使用料を「年1ドル」といった、あってないような額に設定した上で「うちに来てください」と、地方自治体が「誘致」する。

「野球の街」であるという看板と評判は、有形無形のメリットがある。人が集まる。そこには職も生まれる。活気も生まれる。治安向上にもつながる。球場使用料で稼ぐとか、経済効果がいくらになるとか、そろばん勘定以外の部分でもたらされる〝プライスレスの効果〟は、単なる計画案には記されないものがある。

「ソフトバンク的な考えなんですけど、フェアにやりたかったんです。どうしても、我々がフェアにやっても、恣意的に見える。それは、野球だけに限らないじゃないですか。手前味噌ですが、我々の事業は公共性が高いと思っています。だからこそ、フェアにやった上で選びたいという思いが強かったんです」

そこで、三笠は「公募」の形をとることを決めた。自治体の方から手を挙げてもらい、そこから球団が選ぶのだ。

「普通は逆ですからね」

三笠が指摘する通りだ。入札といえば、官が募集して、民が応募するのだ。

なのに、民が官を募集する。

ウチと、やりませんか。条件がよければ、行ってあげますよ——。やり方を間違えれば、反発が出かねない。案の定というべきか、大物政治家から「もう決まっているんでしょ?」と、球団側に探りの電話すら入ったという。

公平さを装いながらも、裏ではすでに手を握っているという出来レースじゃないのか。

そう勘繰るのも、日本のビジネス慣行からすれば、当たり前の感覚かもしれない。

三笠は、それをきっぱりと否定した。

「本当にガチでやったんです。だから、我々は変わった人たちです」

その〝逆入札制〟は、大きな反響を呼んだ。

2010年(平成22年)8月2日から13日までの公募期間に手を上げた自治体は、九州の5県・34市町にも上った。

筑後市は、最終日の13日に立候補を表明した。

何もないのが特徴?

筑後船小屋から、鹿児島本線の在来線で、博多方面へ1駅だけ北上する。

羽犬塚《はいぬづか》の駅前から、徒歩で10分足らず。市役所があるのだから、市の中心部という扱いのはずだが、街全体が何とも静かな印象だ。

「筑後、と言っても、どこかボヤッとしているんです。これが筑後、というものがなかったんです。何もないのが特徴だったのかもしれません」

筑後市役所の建設経済部商工観光課で、ホークスファーム連携推進担当係長を務める水田進は、自嘲気味にそう表現してくれた。

隣接する久留米なら、久留米絣《かすり》やラーメン。八女《やめ》なら八女茶。筑前なら炭鉱。

街の名前を聞いて、即座に連想するイメージがあるのだが、筑後といわれても、即座に連想できるような名物やランドマークが、浮かばないのだ。

「だから、どこにあるのかも分からない方が多いんです」と水田は付け加えた。

「筑後七国」と呼ばれる5市2町は、筑後、柳川、八女、大川、みやまの各市と、大木、広川の2町で構成されている。

筑後市は、ちょうどその中心部に位置し、一番西にある大川市を除く3市2町と接していることから「交通アクセスは申し分ないんです」と水田は説明する。

ただ、アピールできるものがない。だから、通過点になってしまう。

「ホークスの知名度とブランドが欲しかったんです」

水田が指摘したように、筑後という街をアピールするという観点から見ると、ホークスのファーム施設は、まさしく絶好の〝素材〟だった。

球団が挙げた募集条件も、筑後市にとってベストマッチでもあった。
◎４万～６万平米で分割されていない土地。
◎ヤフオクドームから車で１時間圏内、高速のインターチェンジからも20分以内。
◎鉄道網など、公共交通機関も整備されている。
◎20年以上継続した利用可能な土地。

これに対する『回答』が、すぐに用意できたのだ。
筑後市からヤフオクドームまで、高速を使えば車で50分。
博多駅からは、九州新幹線で約25分、鹿児島本線の在来線でも約１時間。
九州自動車道の「八女ＩＣ」から約10分「みやま柳川ＩＣ」からは約15分。

誘致の候補地とした筑後船小屋駅前の敷地は約７ヘクタールあり、駅の臨時駐車場として使われていた。
そのうち、５ヘクタールを所有していた住宅販売会社のタマホームは、ソフトバンク球団のスポンサー企業の一つでもあった。

残りの２ヘクタールは、農地や公地だった。

こうした土地の問題は、権利が絡み、さらには開発を伴うため、反対運動がおこるのが常でもある。新幹線の駅を造るときにも、市の意見は二分されたという。

ところが、今回のホークス誘致には「不思議と、反対の声がほとんど起こらなかったんです」と水田は振り返っている。

土地の取得にもメドが立ち、市長の中村征一（当時）が立候補を表明する会見を行ったのは8月13日。同２日からスタートしていた公募期間の最終日だった。

その会見の席には、市長を挟んで、市議会議長とタマホームの会長が臨席。官民一体、まさしく市を挙げての協力体制も大アピールした。

羽犬塚駅前、筑後船小屋駅前、ショッピングモール、朝のラジオ体操の会場。

市の職員たちが、あらゆるところで、誘致に賛同する署名を集めた。

〆て、７万６８０４人。

誘致時の人口が４万９０９６人（２０１３年8月31日時点）だった筑後市に、周辺地域からも署名が送られてきた。市を訪れた観光客も、喜んで署名をしてくれた。

何としても、ホークスを誘致したい――。

筑後市の誘致活動は、熱を帯びていた。

本命は福岡市?

福岡、佐賀、長崎、熊本、大分。

各市町からも、立候補の手が上がった。

ホークスの育成施設なら、集客に、そして観光の振興にも寄与することは間違いない。

ただ、各自治体が提案した土地には、どこか〝いわく付き〟のものが多かった。

宅地や工場用地として整備しながら、その計画通りに進まず、空き地のまま、いわば塩漬け状態になっていた土地が多かったのだ。

ある市は、交通アクセスの条件からは完全にかけ離れていながら、立候補の際に「広大な土地があることをアピールするのが狙い」という談話を発表した。別の市からは「手を上げてほしいという市民からの要望が強かった」という、消極的な弁まであった。

様々な思惑が絡む中、誘致に立候補する動きは激しさを増していた。

あそこがやるなら、ウチだって。

その横並び意識も、日本の自治体ならではの特徴かもしれない。

球団は、9月25日の1次審査で、34市町の候補地から4市に絞り込んだ。最終候補地は、筑後、福岡、北九州、宮若。

1次審査を突破した筑後市は、その2日後の同27日に、落選した八女市も含めて、前述した「筑後七国」で、誘致の実現を目指す「共同声明」を発表。早速、地域を挙げての協力体制をアピールした。

本命と目された福岡市は、開発を進めていた人工島・アイランドシティを活用する、3つのプランを提示していた。

①人工島中心部に、4・9ヘクタールの土地を提供し、そこに2、3軍の新球場、室内練習場、寮を新設する。
②人工島の2・4ヘクタールに2軍球場、香椎に3軍の新球場、室内練習場、寮を新設する。
③雁の巣と西戸崎を活用、2軍の新球場を人工島内に新設する。

１軍のドームは、市内の中央区にあり、１軍と２、３軍が近くにいるのが好ましい。

周囲の見方も「結局は福岡市だろう」という見方が強かった。しかし、最終的には「借地料」を巡って、折り合いがつかなかったという。

福岡市は県内のみならず、九州の経済拠点でもある。

ホークスだけに便宜を図ることはできない。例えば、特定のスポーツに関して、どこかをひいきしている、肩入れしているとみられることが、自治体にとっては大問題なのだ。

ここでは、規模や財力の差異は度外視される。ホークスの育成施設を誘致すれば、サッカーやバスケットのクラブが仮に同じようなことを要請してきた場合、断れなくなる。

そうした点が、福岡市のような大都市ゆえの悩みでもある。

北九州市も、競輪場の跡地など、市有地の３か所を提案してきた。

さらに筑後市同様、市を挙げての大アピールを展開したのが宮若市だった。

約９・７ヘクタールの民間工場跡地は、九州道・若宮ＩＣからわずか１００メートル。

ドームの最寄りとなる百道《ももち》インターまでは、そこから車で約34分。

球団が新施設に求める条件に、完全に合致していた。

市は、９月市議会に提案した補正予算案に、誘致活動費として約２５００万円を計上。役所の周辺の誘致活動を盛り上げる幟《のぼり》を立て、市の職員は誘致のポロシャツを着用して、誘致の機運を盛り上げた。

当時の誘致合戦を、編成育成部長だった小林至はこう〝予想〟していたという。

「筑後かな、という感じだったんです。でも、宮若はだいぶ巻き返しましたね」

最終決定は12月25日。「筑後」への移転が決定、正式に発表された。

20年間の無償貸与

決定を受けてからの筑後市の動きは、実に早かった。

年明けの２０１４年（平成26年）１月７日。誘致決定からはわずか13日。

市の臨時議会で「スポーツ推進施設誘致経費」として、12億６４２１万円を増額する一般会計補正予算案を全会一致で可決した。

７ヘクタールの予定地のうち、タマホームが所有する５ヘクタールの土地購入費は約８億円。残る２ヘクタールの農地や宅地に関しては、その前年10月の臨時議会で、購入費の１億８６００万円の補正予算が可決されていた。

これを球団に20年間、無償貸与するのだ。

２０１４年（平成26年）３月27日に、ファームの本拠地を筑後市に立地するという基本協定を締結。無償貸与の20年間、つまり、向こう20年間は、筑後市から動きませんという〝約束〟でもある。

さらに、開業後からの３年間は、ファーム施設にかかる固定資産税に相当する額を「スポーツ施設誘致条例」で交付するという条例も制定した。

市内に新たにスポーツ施設を設置した事業者らが対象で、市と「包括連携協定」を結ぶことが条件になる。

仕組みはこうだ。

いったん、固定資産税に相当する額を市に払う。

市側は、包括連携協定に基づき、球団の地域貢献活動などの取り組みが、きちんと行われているかを精査。議会が承認すれば、その払った額を、そのままそっくり返金するのだ。

手順は、何ともお役所的な感じはするが、その額は５０００万円相当だ。

「事業推進」の年間費用として、平成30年度の決算額が公表されている。

総額６９１４万円。そのうち「負担金・補助金」として、スポーツ施設奨励金に相当する額は５５７５万７０００円。

人口減少に悩む地方の街にとって、その税収入の〝放棄〟は、よほどの決意だ。

それでも、筑後市には計り知れない数々のメリットがもたらされるのだ。

例えば、筑後から1軍へ昇格した選手が、ヒーローインタビューで「筑後」のフレーズを使うことがある。これが、九州中のみならず、全国に発信される。

「こういうのは、計り知れない露出と経済効果があると思います」と水田は説明する。

鷹のルーキーたちが「筑後市民」に

２０１６年（平成28年）１月18日。

ファームの新本拠地開業を2か月後に控え、筑後市と球団は「地域包括連携協定」を結んだ。

球団の育成・選手強化はもちろんだが、地域の活性化、市民へのサービス向上を図るために、球団と筑後市が連携して行っていく「6項目・32事業」が明記されている。

2軍のホームグラウンドでもある「タマホームスタジアム筑後」

このネーミングも、実は「地域包括連携協定」の一事業として定められている。

事業名は「ファーム本拠地名称の一部に『筑後』を付ける」で、その概要は「球団との連携による市のＰＲ及びイメージアップを図るため、ファーム本拠地の名称の一部に『筑後』を付ける」と明記されている。

さらに「筑後市への住所異動」という事業名がある。

筑後の「若鷹寮」には、原則として高卒選手は５年、大卒、社会人出身選手は２年、寮生活を行うというルールがある。

それに伴い、新人選手は筑後市へ住民票を移すことが決められているのだ。

当然ながら、選手の納税地となる。さらに異動者が１人でも増えることで、１人あたり数万円の、国からの交付税が増える仕組みになっている。

５年に一度行われる「国勢調査」。この調査時での人口数に基づき、国は補助金や事業予算の配分を決めるのだ。

ドラフトの本指名、育成指名で、毎年10人程度の新人選手が入団してくる。

地域包括連携協定に基づけば、そのルーキーたちは、毎年10人程度の転入者となる。

市の収入の中で、地方交付税の割合は大きい。

毎年１月、新人が入寮した後に、市役所の職員が寮に出向く。市民課の住民担当、国民健康保険、国民年金の担当者が出向き、書類の書き方を指導し、その場で提出してもらう。

晴れて、鷹のルーキーたちが「筑後市民」になる。

球団にとっても、市にとっても、まさしく〝金を生む卵たち〟なのだ。

ルーキーたちは、シーズン開幕前の３月には、市内のホールで行われる「歓迎の集い」に出席する。式の最後は、福岡ＰａｙＰａｙドームの１軍のゲームさながらに、ホークスの応援歌を全員で合唱し、ジェット風船を上げ「盛り上がるんですよ」と水田が笑う。

毎年オフになると、車を購入した若手選手が、車庫証明を取るために市役所を訪れる。

２０１９年（令和元年）に活躍した甲斐野央、周東佑京、新人王の高橋礼が、車庫証明をもらうために市役所を訪れたときは、庁内がちょっぴりざわめいたという。

街に、プロ野球選手がいる。その筑後市ならではの光景は、街の誇りでもある。

「ホークスのブランド力はすごい。それを手にしたからには、活用しないといけない。ホークスに来てもらって、ホークスにいい面ばかり、というのではなく、いかに筑後市にバックがあるのか、還元できるのか。お金を積んだら、というものではないですから」

そうした波及効果を、いかに生み出すか。

水田が語ったように、その「次」をにらんだ施策を打たなければいけない。

そのための「データ」から見えてくる、新たな「ヒント」がある。

筑後市への波及効果

2軍のメーン球場から、寮までの動線。50メートルほどの動線に、柵が立てられている。

そこが、試合前や試合後は「花道」になる。

ファンと選手が交流できる「花道」

選手を挟むようにして、ファンが待っている。ここでサインをもらい、プレゼントを渡したり、声をかけたりできる。

室内練習場と寮がつながっている2階部分は、ちょっとしたデッキになっていて、夏の夕暮れには、選手たちがそこで、バーベキューをしていることもある。

その「近さ」が、ファンにはたまらない。

野球好き、そして、ホークスのファンには、最高の仕掛けでもある。

福岡ＰａｙＰａｙドームと、その周辺が「ホークスタウン」と称されるが、筑後も間違いなく、第二の〝鷹の街〟である。
その充実ぶりが、よさでもあり、悩みも生むといえば、贅沢だろうか。
水田は、筑後市が調査した、何とも興味深いデータを見せてくれた。

２０１９年（平成31年）３月から同（令和元年）８月の間の、のべ13日間。

筑後市は、タマスタ筑後の球場外にアンケートブースを設け、６５０人のアンケート調査を行っている。

「これまでにタマスタ筑後に来たことがありますか」

ある　82％

初めて　18％

「（タマスタ筑後に来たことがある方）年に何回くらい観戦されますか」

1回　8％

〜4回　31％

〜10回　31％

〜20回　15％

21回以上　15％

「リピーター」の多さが一目瞭然だ。

さらに、別の質問を見てみよう。

「今日の試合観戦の前後に、観光スポット（道の駅なども含む）に行きますか？」

行かない　74％

行く　26％

「行かない理由はどれですか？」

時間がない　64％

観光スポットを知らない　13％

興味がない　6％

交通手段がない　3％

その他　14％

ここから導き出されるのは、筑後を訪れるファンたちは「野球好きのコアな方が多い」という結論だ。

「早く球場に来て、遅くまで、選手の出待ちをしたりしていらっしゃる。こちらが想定していた以上に、球場から『動かない』んですね」

水田の分析に、うなずけるポイントは多い。そこが、筑後市にとっての新たな開発の「カギ」でもあるのは確かだ。

2軍、3軍の試合に来る。しかも、博多から車で約1時間。新幹線でも3駅。来るのは、野球好きのファン。マニアの色が濃いともいえるだろう。

観光のついでに野球を見るのではなく、野球を見るために来るのだ。

だから、他の観光スポットやグルメは、二の次、三の次どころか、そもそも、眼中にはないようなのだ。

九州新幹線の博多~鹿児島間が全線開通したのは2011年（平成23年）3月。

奇しくも、3軍制が稼働し始めたその年でもある。

筑後市を訪れる「観光入込客数」の推移を見てみる。

開通前の2010年度（平成22年）が約70万人。これが、新幹線の開通と筑後船小屋駅横にある「筑後広域公園」の拡充で、2013年度（平成25年）には一時、110万人を突破したが、そこから2年連続で微減している。

ところが、ＨＡＷＫＳベースボールパーク筑後が開場した２０１６年度（平成28年）からは、３年連続で増加中。いずれも１００万人を超えている。

2軍戦での観客動員数が、毎年10万人以上をマークしている。

つまり、筑後市の観光客数のほぼ１割をホークスが稼ぎ出しているのだ。

「10万人を超える動員のあるコンテンツというのは、なかなかないんです。これがないと、１００万人はいかないでしょうから」

水田が指摘するように、筑後市にとっては、ホークスは目玉となる集客施設なのだ。

それ以前は、筑後船小屋駅が筑後広域公園内になり「公園の中の新幹線駅。緑の中の新幹線駅。そういうテーマだったんです」と水田。そのキャッチフレーズでは、よほどの鉄道マニアくらいしか、関心を呼ばないだろう。

プロ野球、ホークス、強い、２、３軍から選手が出てくる。

この「野球」というコンテンツを、いかにして活用できるのか。

開業から４年、試合開催時の総来場者数の年平均は11万３４０５人。筑後船小屋駅を挟んで併設する「九州芸文館」は、新国立競技場を設計した隈研吾が設計。芸術文化の発信地で、その横には温泉もある。この芸文館も年10万人ほどの動員がある。

市としてはこうした観光スポットに連動させて、野球の観戦者を流したいのだ。

当初は、球場から芸文館へのバスも出していたのだという。それでも、そんなものはお構いなしで、ファンは選手の出待ちをする。終われば、車に乗ってそのまま帰る。

かつては、市役所のある羽犬塚への直行バスも出していたが、これも利用客があまりにも少ないので、止めたという。

筑後に人が来るようになったからといって、筑後の観光、経済が、目に見えて盛り上がっているのかと言えば、それはまた、別の問題になってくる。

しかし、確かに人は来る。

２０１９年（令和元年）の、試合ごとの観客動員データも見せてくれた。

５月１～５日のゴールデンウィーク真っただ中は、初の５日間連続満員。

さらに、特筆すべきは「８月14日」だった。

平日の水曜日、真夏のデーゲーム。なのに、スタジアムは満員になった。

柳田悠岐の復帰戦の中日戦で、先発は松坂大輔（現埼玉西武）

その翌日は、台風接近で中止になっているほどだから、帰路につく頃には、悪天候も予測されていた中でのことだった。

このように、平日でも満員になったケースは、かつてメジャーから２０１７年（平成29年）にソフトバンクに戻ってきた人気者・川崎宗則の復帰戦以来のことだった。

「そういう選手を見に、ファンの方々は来るんですね。そういう方々が、ホークスを見て駅前に泊まって、飲んで、食べてという流れになればいいんですが……。球場で終わっちゃうんですね。ただ、来ることは来てくれるようになったんです。ここから、筑後市をどう楽しませるか。情報の出し方も考えなければならないでしょうし、同時並行で、やっていかないといけないですよね」

水田の指摘の中には、今後の新たな〝仕掛けのヒント〟が隠れているようだ。

「野球の街」は、まだまだ発展途上なのだ。

第8章　甲子園を超える

「日本一の球場」

快晴の冬空。美しい芝生。足跡一つない土のグラウンド。

青、緑、茶。

鮮やかな3色のコントラストに、ぼーっと見とれていたときだった。

「芝生、入らないでください」

背後から、怒声が響き渡った。

季節外れに日焼けしたたくましい顔の男が、こちらをにらんでいる。

私は大慌てで、ライト側フェンスの入り口から飛び出した。

「すみません」

「タマホームスタジアム筑後」正面入口

それが「日本一の球場」を創ろうとしている男との出会いだった。

２０１９年（令和元年）12月9日。

私が、初めて「ＨＡＷＫＳベースボールパーク筑後」を訪れた日のことだった。

この本の執筆に「筑後」という拠点の取材は不可欠だ。

チーム広報チーフの篠原周至の説明を受けながら、施設内を見学させてもらっていた。

球場は２つ。

２軍のメーン球場となる「タマホームスタジアム筑後」は全面人工芝。ナイター照明は６基。収容人数３１１３人で、ウエスタン・リーグの公式戦だけでなく、毎年３月には、１軍のオープン戦も開催される。

両翼１００メートル、中堅１２２メートル。その規格は、１軍の本拠地・福岡ＰａｙＰａｙドームと同じになっている。選手目線、つまり、グラウンドレベルの座席となる「フィールドシート」も設置されている。

「タマホームスタジアム筑後」グラウンド内

これが、２軍の球場なのか……。そう思わせるだけの施設だ。

その右翼席後方に隣接する形で「ホークススタジアム筑後第二」がある。

３軍のメーンスタジアムで、こちらも福岡ＰａｙＰａｙドームと同じ大きさに設定されている。

特徴は、外野が天然芝、内野は土。いわゆる「甲子園仕様」になっていることだ。

ライト側の入り口が開いていた。

「写真、撮ったりしますか？」

篠原の許可ももらって、中に入れてもらった。

土の部分を踏むと、足形がついてしまう。

芝生の上、ファウルゾーンから外野を、そして内野を撮影した。

グラウンドキーパーの西山修平

こんなきれいなところで、3軍が練習するのか。

冬の乾いた空気とともに、なんか、まったりとした気分になっていたそのとき、静寂を打ち破った怒声に、不可解な気分と同時に、何か、ただならぬ空気を感じてしまった。

篠原も「すまん。知らなかった」と平謝りしている。

同僚を怒鳴り上げる、この男は、一体……。

篠原が弁解してくれた。

「3軍のことを取材されていて、今度、本にするために、筑後に来られたんですよ」

すると、なぜ、芝生が〝オフリミット〟なのかの理由を説明してくれた。

西山修平の名刺には、ちょっと長めの肩書が記されていた。

「事業統括本部　野球事業推進本部　筑後事業推進部　グラウンドキーパー　チーフ」

取材予定にはなかった西山との思わぬ出会いで、筑後の2球場の全容が、そして隠れた魅力まで、余すところなく、理解することができた。

これこそ「怪我の功名」というものかもしれない。

「土」へのこだわり

冬の時期は、当然ながら「夏芝」は休眠しているのだという。

その芝と芝の間に、冬芝の種をまく。そうすると、年中「緑」が維持できる。

「だから、芝を踏むと、種が取れちゃうんですよ」

西山が、私たちを〝怒鳴った〟最大の理由が、そこにあった。

毎年1月になれば、新人が入寮して、合同自主トレがスタートする。

そのとき、芝が美しい緑の方が、報道されたりするときに、写真やカメラ映りが全然違ってくる。

グラウンドキーパーたちにとって、そのビジュアルの美しさが、誇りにつながる。

「そのときをピークに、一度仕上げるんですよ」

スタンドから見ると、一筋ずつ、強弱がついている。

その「ゼブラ柄」にすることで、見栄えもよくなる。

夏芝は「ティフトン」。いわゆる「ターフ」と呼ばれる品種で、擦り切れやストレスに強い。

だから、野球場だけでなく、Jリーグのサガン鳥栖が本拠地として使用する「駅前不動産スタジアム」のような、サッカー用の球技場でも使われているという。

この芝の間に、冬柴の「ライグラス」の種を、10月頃にまく。

イベントや、合同自主トレの時期に合わせて、肥料を入れたりして「緑」を強調する。

西山の力説が、止まらなくなった。

「球場のこと、説明しましょうか？」

うれしい提案だった。餅は餅屋。まさしく、球場を知り尽くした男だ。

西山の案内を受けながら、施設内を回ることにした。

2軍のメーン球場は、全面人工芝。ただ、マウンドと各ベースの部分だけは、アンツーカーになっている。

「雨が降ったときに、滑りにくくなるように工夫をしているんです」

ドームで使っている「赤土」に、校庭で使うような土を一部、配合する。

すると、雨が降っても、水はけがいいのだという。

審判から「ここは絶対、途中で雨が降ってきても中止にならないな」と言われたという。

これは、グラウンドキーパー的には、最高の誉め言葉なのだ。

「土」には、こだわりがあった。

阪神園芸

福岡市生まれの西山は、かつて、ソフトバンク球団でアルバイトをしていた。

宮崎キャンプの設営の手伝いもしたことで、宮崎の球場のグラウンドキーパーたちと、すっかり仲良くなったという。

その仕事ぶりに、阪神の球団関係者から〝スカウト〟の声がかかり、２０１１年（平成23年）から、阪神園芸に勤めることになった。

だから、西山は〝甲子園育ち〟なのだ。

5年間、甲子園で働いたノウハウを手に故郷へ戻った際、今度は開業する筑後のグラウンドキーパーを任されることになった。

第二球場の内野フィールドは土、外野フィールドは芝。甲子園球場と同じ構造だ。

「土は、甲子園と一緒なんですよ」

鹿児島・鹿屋。

桜島に近いその地域は、火山灰が多い。粘りが多く、スパイクが引っかかりやすい。しかし、粘り気が多い分、水はけは少々悪くなる。

これを解消するために、同じ鹿児島の志布志の土を混ぜる。

このやり方は、甲子園と同じなのだという。

その配合法に、レシピやマニュアルがあるわけではない。季節はもちろん、土地の状態、気候、降雨量。あらゆる要素を踏まえた上で、そのブレンドの仕方を微妙に変えている。

毎朝、グラウンドを踏んで、土の状態をチェックするのだという。

「地方の球場に行くと、夏なんかは、砂っぽく、白く見えたりするでしょ？　あれは、手を入れていないからなんですよ」

そこで、2、3日に一度は、機械や整備車を入れて、グラウンドの手入れを欠かさない。

「土も呼吸しているんです。だから、空気を入れると、ふわっとするんですね」

甲子園のフィールドに、取材で入ったときの足裏の感覚が蘇ってきた。

「4年かけても、まだですね。甲子園に近づけたいと思っていますし、それ以上のものを作りたい。言葉で表現するのは難しいですけど」

3軍のスタジアムが、甲子園を超える——。

施設も、日本一。そのこだわりは、間違いなく、選手にも伝わる。

一塁で、リードを取る。盗塁のスタートを切る。その足場となる部分が、硬めになっていると、体を振った際に、スタートの勢いをつけやすい。

そうした選手の注文を受け、整備することもある。

１軍なら、硬めのマウンドが好きな投手が、踏み出す足の部分を硬めにしてほしいという細かいリクエストをしてくることがある。

己の技術を生かすために、工夫する。

そうした細かい要求にこたえるのも、キーパー冥利なのだ。

福岡ＰａｙＰａｙドームと甲子園が並ぶ

「人工芝」と「天然芝」の２球場が隣接している。

つまり、福岡ＰａｙＰａｙドームと、甲子園が並んでいるようなものだ。

この「２球場制」が、育成拠点の必須条件だった。

公募の際に挙げた条件は、その広さを踏まえての提案でもあった。

３軍制のスタートは２０１１年（平成23年）。筑後の開場は、そこから５年後になる。

ＧＭの三笠杉彦が、それまでの球場事情を振り返ってくれた。

「始めたときは〝３軍ジプシー状態〟って言ってたんです。やたら、遠征に出る形だったんですね」

雁の巣は、ウエスタンのメーン球場だった。２軍が試合を行っているときには、県内の他球場を借り、試合に出ない育成選手たちは、そこで汗を流した。

２０１２年（平成24年）３月からは、福岡工業大が福岡市東区に建てた新球場を３軍練習場として、学生が使用していないときに、使用させてもらう形も取った。

２軍が雁の巣にいれば、３軍は遠征に出る。

２軍が遠征に出れば、３軍は雁の巣を使う。

それでも、シーズンの半年の間で、10日から15日、どうしてもやりくりが付かないときがあったという。

「野球チームって、半分はホームにいない。何とかなるといって始めたんですけどね。なんか、落ち着かないじゃないですか。やたら遠征に出て、ホーム球場がない。それって、本末転倒だと思ったんですね」

三笠の見解も、もっともだろう。

２０１９年（令和元年）に、３軍がビジターで試合を行ったのは、韓国での11試合を含めた48試合。３軍のメーン球場である筑後第二では７試合、２軍のメーン球場であるタマスタ筑後で24試合。2軍と3軍が、2球場を使って同日に試合を行ったのも4日ある。行って、試合ができる。来てもらっても、いつでも試合ができる。

3軍を稼働させるには、人も、そして設備も必要なのだ。


三笠が、筑後の拠点づくりに際して、アドバイスを求めた北海道日本ハムのＧＭ補佐・遠藤良平は、ソフトバンクの2球場を「そりゃ、凄いですよ」と絶賛する。

「ホントに、最初から計画しないとできないですよ。今から造るのであるなら、この形でしょうからね。ただ、ロッテにしろ、ヤクルトにしろ、都心部では難しいというのはありますから」

それは、鎌ケ谷でも同じ事情だ。関東圏の千葉で、隣接した2球場を造る、あるいは確保する。土地の広さももちろんだが、地価、建築費、その後の固定資産税、維持費。こうした要素は、地域の事情にも大きく左右される。やりたくても、できないのだ。

ソフトバンクだから、できる。

親会社の財力ももちろんあるだろうが、九州という〝地域性のアドバンテージ〟もある。

それを、存分にフル活用している。

日本ハムの場合も、鎌ケ谷という拠点に、自前の球場を整備した。

「そんな簡単な話ではないですよね。でも、日本ハムとして造ったわけです。だから、会社として、やっていることは見えますよね」と遠藤は強調する。

そうしたお手本を参考に、ソフトバンクは筑後に「一大拠点」を造り上げたのだ。

「金満球団だから」「カネにあかせた巨大投資」

こうしたレッテル貼りを、どうしても周囲はやりがちだ。

しかし、いくらカネがあろうとも、それをいかに有効に投資できるのか。そこには、企業としての決断力、実行力が伴わなければ、確かな成果は生まれない。

「ホークスとしてもそうですが、ソフトバンクという会社のプライドとか、こだわりを感じますよね」

そう語る同じ東大出身の後輩から、三笠は「野球の街づくり」のコンセプトを吸収していった。

「ラグビーでも野球でも、何軍もあるような強豪は、行くんじゃやなくて『じゃあ、来てください』なんですよ。だから、強豪校スタイルです。やりたいなら、来てくださいというスタイル。それを、当時から考えていました。今、3軍でも、来てもらって試合ができる。それも、精神的に優位なんです。時間も有効に使えますしね」

3軍が参戦している独立リーグの四国ILとは、全4球団と前期各4試合、後期各4試合の計32試合を戦うが、前後期とも、2試合は各球団の本拠地、2試合は筑後での試合となる。四国ILの各球団も、バスに乗って筑後へやって来る。

四国と九州。その「街の交流」という観点からも、四国ILの元理事長・鍵山誠は、ソフトバンクの参戦を「もろ手を挙げて大歓迎です」と評する。

「行政との街づくり、野球の振興。これを同時に図れるんです。ホームタウンに、プロ球団がないと、スポーツ競技は、他のスポーツの競争に負けるんです。そこを気にしている人が、野球界には少ないですよね。地域密着がうまくいっているのは、フランチャイズのある地域だけなんです。11のフランチャイズ以外で、身体能力の高い選手が、他のスポーツに取られてしまいます。単に強化という点だけじゃなく、野球というスポーツのためには、ソフトバンクさんのような3軍は必要だと思うんです。独立リーグから見ても、ソフトバンクさんからでも、どちらから見ても、得られるものは大きいんです」

「東浜投手の踏んだプレート」

西山たちは、その周辺施設の整備の中で、ちょっとした遊び心をのぞかせている。

2軍のメーン球場、タマホームスタジアム筑後の正面入り口の後方に案内された。

「こんなの、作ってみたんですよ」

小高い山は、まさしく、ピッチャー用のマウンドだった。

ブルペンを模したスペースで、子供たちが投げられるようになっている。

プレートは、2016年（平成28年）の「球場開き」のときのものだ。

説明板には「東浜投手の踏んだプレート」となっている。

ファン心理としては、たまらない。〃筑後初戦〃に先発、2017年（平成29年）には最多勝のタイトルを獲得した東浜巨が、実際に踏んだプレートが埋め込まれているのだ。

そこに立って、投げる。記念写真を撮るスポットとしても最高だ。

その横では「パターゴルフができるんですよ」

レーンの両サイドには、ボールがこぼれ落ちないようにするガードレール代わりに、折れたバットのヘッドの部分が埋め込まれている。

プロ野球選手の使うバットともなれば、各選手仕様なので、名前が入っている。

パターゴルフのできるスペース

柵に使われているのは選手たちの折れたバットのヘッド部分

「いろいろといいますよ」と西山が笑っている。

よく見てみると「今宮健太」「中村晃」「甲斐拓也」「増田珠」

そうした主力級や、期待の若手の名前を見つけるのは、宝探しの感覚だ。

試合開催日に開かれる売店の前には、球場開きのときに使ったベースが埋め込まれた広場がある。そこを、子供たちが走る。

野球好きの心をくすぐる仕掛けが、あちこちに施されている。

それは、球場を愛するキーパーたちだからこそ、浮かんでくるアイディアでもある。

筑後は、着々と「ボールパーク」へと発展しつつある。

市民参加のイベント

市と球団の間で締結されている「地域包括連携協定」は6項目・32事業。

その中に「スポーツ振興及び健康増進に関すること」という項目がある。

事業名は「スタジアム等でのスポーツ・健康イベントの開催」となっている。

タマホームスタジアム筑後を活用した市民参加のイベントは、年間通して行われている。

「筑後市長杯少年野球大会」は、市内のみならず、福岡県内から、さらには佐賀、熊本から約60チームが参加。この開会式と決勝戦は、タマホームスタジアム筑後で行われる。

市内の少年野球チームを対象とした野球教室も、ファームの試合後に開催される。

そうした「野球振興」は、当然ながらメーンになる。

これらに加えて、筑後市役所の建設経済部商工観光課・ホークスファーム連携推進担当係長の水田進が説明するように、球場を核としたイベントは多岐にわたっている。

「少年野球ばかりがいい目を見るのではなくて、野球部じゃない子供たち、老いも若きも男性も女性も、球場に足を運んでもらいたいんです」

例えば、60～90代の高齢者を対象にとした「グラウンドゴルフ大会」人工芝を活用して楽しめるスポーツとあって、２０１８年（平成30年）の開催時には、約３００人が参加したという盛況ぶりを見せている。

秋の「ちっごスポーツフェスティバル」には、筑後市内の子供会に所属する子供たちと保護者ら約７００人が参加。球場の広さを生かし、徒競走や対抗リレー、さらには綱引き大会も行われる。

盛り上がるのは、ベース間を使っての「ダイヤモンドリレー」だそうだ。

「ジュニアスポーツチャレンジ」は、年長児から小学２年とその保護者を対象に、久留米大スポーツ医科学科と連携し、運動プログラムの体験と体力測定を行う。

50メートル走、ボール投げ、走り幅跳び。

これを親子で取り組み、そのデータを健康推進の施策にも生かしていくという。

スポーツに、そして野球に親しんでもらうのも重要だが、水田は「生活の中に野球がない方たちにも、いかに足を運んでもらうかだと思っています」という。

街に、野球がある。スポーツがある。

「一企業の誘致より、分かりやすいんですね」

水田が強調するように、特定の産業だと、その恩恵にあずかる人、関係ない人が分かれがちになってしまう。しかし、球場の活用、スポーツの推進となれば、そのメリットをまさしく、市民全体で享受できる。

乳がん撲滅のマンモグラフィー車を出した「レディースデー」は、２０１９年（令和元年）７月７日の七夕。満員３１１３人の筑後で、３０９６人の観客動員を集めている。デーゲーム終了後には「サンセットヨガ」と銘打ち、外野フィールドにマットを敷き、夕日が沈む時間に合わせて、参加した30人がヨガを行った。

２０１９年のアンケート調査でも、筑後を訪れた観客のうち、女性は53%と、男性客を上回っている。

こうした誘致例、活用例を知りたいと、筑後には各自治体から視察団がやって来るという。

「タマスタを見せてください」という要請も多い。

北海道日本ハムが２０２３年（令和５年）に開業を目指している1軍の新本拠地、そのフランチャイズとなる北海道・北広島からも、すでに視察に訪れている。

　こうした一連の説明を記した「福岡ソフトバンクホークスとの連携事業について」と題した、筑後市商工観光課が作成した資料がある。

　誘致立候補から決定、イベント、事業推進の年間費用、観光入込数、今後の課題。

「これを、パワーポイントに映して説明するんですよ」と水田は笑う。

　何とも、優れものの資料だ。

　実は、私もこの資料をもとに、水田から事細かに説明を受けさせてもらった。

「ホークスがある街」

　そのイメージは、完全に定着しただろう。

　だからこそ「次のフェーズ」が肝心になる。

　僭越ながら、野球好きの一人として、ちょっとばかり提案してみたい。

「甲子園を超えるスタジアムが、筑後にある」――。

　こんなセールスポイントも、どうだろうか。

第９章　名門校からホークス３軍へ

「第３世代」大竹耕太郎

２０１８年（平成30年）３月７日。

大阪・舞洲バファローズスタジアム（当時。現オセアンバファローズスタジアム舞洲）で行われていたのは「ウエスタン春季教育リーグ」。つまり、ファームのオープン戦だ。

オリックス対ソフトバンク。桜もまだつぼみ。海風が冷たいこの季節に「春季非公式戦」と呼ばれる戦いを、スタンドで見つめる観客もまばらだ。

序盤から、オリックス打線がソフトバンクの若手投手陣を相手に打ちまくった。

３番小島脩平、４番Ｔ‐岡田、５番宮崎祐樹（２０１９年限りで現役引退）

１軍でも実績のある選手が調整を兼ね、クリーンアップに名を連ねていた。

名門校から育成へ。大竹耕太郎投手

５回表を終えて、１‐10。ソフトバンクが一方的にリードされていた。

試合としては妙味のない展開の中で、スリムな、ひょろりとした背番号「１３３」の投手がマウンドに立ったのは、５回裏のことだった。

大竹耕太郎が、投球練習を始めると、ふと、その動きに目を引かれた。

左肘のしなりが、何とも美しい。

振り下ろした左腕が、鞭のごとく、びゅんと躍動する。

その初球。バックスクリーンのスピードガンを、慌てて見直す。

１３２キロ。遅い。ストレートなのに遅い。

なのに、オリックスの２番・鈴木昂平（２０１９年限りで現役引退）のバットは、空を切っていた。

２球目、１０１キロ。スローカーブに手が出ない。ストライクだ。

あっさりと追い込むと、カウント１‐２からの４球目。

１１９キロのチェンジアップに、鈴木はタイミングを狂わされての空振り三振。

見事だ。遅いのに、打てない。コントロールも抜群だ。

小島には中前打を許したが、死球のＴ‐岡田に代わって入った佐野皓大には１３２キロのストレートで詰まらせてライトフライ、宮崎もショートゴロに仕留めて無失点。

12球のうち、ボールは３球だけ。

コントロールがいい。フォームのバランスもいい。１メートル84センチの長身左腕。

選手名鑑で、プロフィールを確かめてみた。

熊本・済々黌《せいせいこう》で甲子園出場。名門・早大で１年から登板。

こんなピッチャーが、背番号「１３３」の育成選手なのか？

試合が終わると、巨人のプロスカウト・益田明典（当時）に、ばったり出くわした。

スカウト時代の益田に、アマの有望株たちの評価をたびたび取材させてもらった。能力を見抜くその目は確かなベテランだ。

その表情が、大竹の「高評価」を物語っていた。

「彼、育成？　なんで育成なの？」

「左肘を痛めて、評価を落としていたそうです」

ちょっと聞きかじっただけの、ぼんやりとした情報を告げた。

「そうなのか。しかし、これはいいよ。まず、コントロールが抜群だからね。球威がもう少し出たら、もっと良くなるよ。面白いね。いいピッチャーが見られたよ」

プロスカウトは、自分のチームに故障者が出たりした際、補強をするために、通常から他球団の戦力分析を行っている。余剰戦力を把握しておき、これと見込んだ選手をチェックしておくことで、いざというときに、トレードを仕掛けたりできるように備えるのだ。

だから、新戦力のチェックは不可欠だ。台頭すれば、はじき出される選手がいるからだ。

「ボールが、ビュッビュッと来るようになってきたんだよ、最近」

2軍投手コーチの久保康生が、そう証言してくれた。

2月の宮崎キャンプ。プロでの濃密な1か月で、早くも脱皮の兆しを見せていた。

ウエスタン・リーグが開幕すると、大竹は先発、リリーフの両面で活躍。22試合に登板して8勝0敗、防御率1・87。2軍レベルでは、圧倒的な内容ともいえる。

支配下選手登録されたのは、舞洲での好投から約4か月後の7月29日のことだった。

その3日後。8月1日に早くも1軍昇格を果たすと、西武相手に即先発。そのプロ初マウンドで8回2失点の好投を見せ、プロ初勝利をマーク。シーズン終盤の2か月で3勝、広島との日本シリーズでも登板した。

大竹は、筑後の一大拠点が完成した後に、育成選手として入団してきた一人でもある。

「第3世代」の出世頭の活躍ぶりは「3軍制」が定着し、発展し、さらに充実の度を深めようとしている、その証明でもあった。

「ホークスの育成だったら、行かせてください」

２０１８年（平成30年）から編成育成部長、さらに2軍監督に再転身した小川一夫の後を受け、スカウト室長も兼務する永井智浩は、筑後の育成施設が完成した後のスカウティング活動の中で、育成指名にも前向きな選手が増えてきたという〝変化〟を明かしてくれた。

「ホークスの育成だったら、行かせてください」

ドラフトの本指名なら、下位でも微妙かもしれない。そうした自分の実力は自覚している。

育成なら、契約金ではなく支度金になる。その額も1桁、いや2桁違うこともある。

育成選手として3年。この間に支配下選手になれなければ、いったん自由契約となる。

条件としては、決してよくない。

それでも、成功例がある。

千賀滉大、甲斐拓也、牧原大成、石川柊太。

1軍で活躍する「3軍出身選手」の姿がある。

「あとは、本人が頑張ったら大丈夫。それを、我々が自信を持って言えるんです。だから頑張ってみないかと」

永井は、確かな手応えを口にする。

スカウト陣は、資料をもとに、筑後の施設を存分にプレゼンテーションする。

24時間、思い立ったら、いつでも練習はできる。

室内練習場はある。最新のトレーニング機器が充実したウエートルームもある。

球場は、人工芝の2軍本拠地と、天然芝の3軍本拠地。

コンビニは、徒歩圏内にすらない。博多の歓楽街、中洲や天神にも、車で1時間かかる。

デーゲームが主の若手選手には、夜の街から遠いのも、ある意味ではメリットでもある。

「野球に打ち込める環境ですと、こちらからもアピールしたんです」

筑後市役所の建設経済部商工観光課で、ホークスファーム連携推進担当係長を務める水田進は、ソフトバンクのファーム施設誘致に立候補した際に、筑後の〝辺鄙さ〟を強調したという、ちょっとした裏話を明かしてくれた。

野球に打ち込める。それだけの「環境」がある。

「ホークスが大好きだったというのもあります。でも、他の球団の育成だったら、行っていませんでしたね」

ここなら、自分の力を伸ばせる。それだけの環境も設備もある。

だから、大竹は「育成」で、ソフトバンクへやって来たのだ。

エリートコースのど真ん中

熊本・済々黌。

１８７９年。年号なら明治12年創立の県立高で、県内屈指の進学校でもある。

野球部も春夏通算11度の甲子園出場。１９５８年（昭和33年）にはセンバツ初優勝。

文武両道を地で行く名門校のエースとして、２０１２年（平成24年）の２年夏、翌13年（平成25年）の３年春に、大竹は済々黌を甲子園に導いている。

２年夏には、２回戦で鳴門相手に４安打１失点の完投勝利。続く３回戦では、この大会で春夏連覇を達成する大阪桐蔭と対戦、接戦を演じながら、惜しくも２－６で敗れている。

3年春には、2回戦で常総学院を完封。3回戦では、このセンバツを制した済美高と対戦し、残念ながら1‐4で涙をのんでいる。

名門・早大に進学すると、1年春の東京六大学リーグ戦から登板。1年秋にはリーグ開幕投手を担い、2年春には防御率0・89でベストナインを獲得。3年ぶり5度目の優勝を果たした2015年（平成27年）の全日本大学選手権では、流通経済大との決勝戦でも5回途中からマウンドに立ち、見事に「胴上げ投手」の栄誉に輝いている。

常に、エリートコースのど真ん中を歩んできたのだ。

しかし、3年になると左肘や左膝など、相次ぐ故障渦に襲われ、そのキャリアに狂いが生じた。最終学年の4年時でも、公式戦のマウンドに復帰できたのは、秋のリーグ戦のみ。

評価を下げた左腕に、プロ側からの積極的なアプローチはなかった。

「普通に考えれば社会人。ウチの大学ならばそうなんです。（当時の早大・高橋広）監督からも勧められました」

大竹が明かしたその〝事情〟が、実は、アマ側の「3軍制」と「育成制度」に対するスタンスを表しているのだ。

「名門になればなるほど非協力的」

3軍制発足時の編成育成部長だった小林至は、育成でのドラフト指名に対するアマ側の抵抗感は「思っていた以上でしたね」と振り返る。

アマ側にすれば、自分たちが育て上げた大事な選手をプロに送り出すのであれば、できるだけ、好条件を引き出してやりたい。それが、当然の親心でもある。

送り出す側の高校、大学、社会人にとっても、指名順位や契約金の多寡は、育成やチーム力の証明にもなり、好選手に進路として選んでもらう際のセールスポイントにもなる。

それが、育成選手なら300万円程度の支度金。2～3年で解雇される可能性もある。

「名門になればなるほど非協力的でした。だから、名門校はスカウト外でした」

小林は、アマ側が「行かせるな」と団結している動きすら感じたという。

強豪校、伝統校と呼ばれるところになればなるほど「育成」での獲得を持ちかけることは憚られるような空気もあった。

「トライアウトでも、ドラフト下位でも、選手がどうなるかは分からないわけじゃないですか？　それでも、育成は『寄せ集め』とみるんでしょう。強豪校になればなるほど無理でしたね。だから、他球団は3軍をやらないんだなと。そういう面もありました」

千賀や甲斐の躍進で、ソフトバンクの3軍制での実績が周知されるようになっても、その風潮は、全く変わらないという。特に東京六大学、東都といった、歴史も伝統もあるリーグに所属する名門大には、その傾向が今も強いという。

「早大」のブランド力があれば、育成のような条件で送り出す必要はないのだ。

大竹も実際、企業に就職すると仮定し、その「生涯賃金」を調べたこともあったという。

済々黌から早大。しかも、大学で4年間の厳しい野球部での生活を全うした。

これだけの実績と学歴があれば、野球を続けなくても、どんな大企業だって喜んで迎え入れてくれる。

社会人野球でプレーしながら、左肘の故障も治し、さらなる実績を積めば、後にドラフト1位、2位の上位指名を受け、好条件でプロ入りすることだってできる。

何もよりによって「育成」という〝低条件〟で行くことはない。

考えれば考えるほど、大竹が育成を選ぶ理由が見えてこない。

「平成生まれ」の若者の職業観

1995年（平成7年）生まれの大竹が、社会や経済の仕組みを勉強し、理解し始めたとき、すでに日本経済は下向きのベクトルだった。高校の授業で学んだのも「リーマン・ショック（2008年〈平成20年〉）とか、でした」

かつて、人生は「教育」「仕事」「引退」の「3ステージ」と言われていた。22歳で、大学を卒業する。60歳まで仕事をする。70歳で天寿を全うする。

それがいまや、人生は「100年時代」へと変わりつつある。

サラリーマンの定年が70歳、さらには75歳へと延びる時代になってきた。人生が長くなった分、働く期間が増え、それが「半世紀以上」に及ぶことにもなる。

さらに、2018年（平成30年）の東京商工リサーチの調査では、日本で倒産した企業の平均寿命は「24年」。少なくとも、人生で2回は転職する計算になる。

そうすると「仕事」のステージが、いわば、前期と後期に分かれることになる。

つまり、人生を「4ステージ」で考えなければならないのだ。

同じ会社に長く勤めながら、社内のキャリアを積み、それに伴って給与が上がり、役職が上がり、退職金を手にし、積み立てた年金で老後を過ごす。

それが「安定」と捉えられていた前提は、完全に終わっている。そのモデルを、いわば保障してくれていた「企業」が、50年も60年も持たない時代に突入しているからだ。

昭和の前提は、令和の新時代に、もはや全く当てはまらなくなっている。

大竹のように「平成生まれ」の若者たちは、職業観も、未来へのビジョンも、その上の世代とは、明らかに違うのだ。

大竹の両親は、学校の教諭なのだという。

だから、その「前提の変化」や「若者気質の変化」には敏感なのだろう。

卒業を前に、進路を巡っての家族会議を行ったという。

スマホを使って、テレビ電話でつなぎ、顔をお互いに見ながら話し合ったのだという。それも、現代風の一コマだ。

両親が、口をそろえて、大竹に対して「こっちの方がいいよ」

プロ入りの意思を、尊重してくれたというのだ。

やりたいことを、やりなさい――。

「プロに行けそうだった先輩が、社会人に行って、しぼんだ先輩もたくさん見ました。そうなって、人生は後悔しないのか。社会人に行って、プロに行っておけばよかったというのはあっても、プロに行って、社会人に行っとけばよかったという順序はないですよね？　ずっと働けたのに、というのはないと思ったんです。

例えば、何とかガスというところで野球をやる。でも、僕はガスには興味がない。電機メーカーでも、そのメーカーに興味がない。60歳まで働ける、そういうのは別に必要がないわけです。つぶしが利くように、大学へ行った。大卒というので、ひとつ、どうにかなるじゃないですか。覚悟の上にはなるけど、それが少し、心の支えになる。両親が『社会人に行きなさい』と言っていたら、行っていたかもしれません。高校も大学も、自分で決めました。でも初めて、両親が『こっちの方がいいよ』と言ってくれたんです。あまり干渉しない両親なんですけどね。それならば、挑戦してみようと」

早大卒。その肩書は、日本社会において大きくモノをいう。いくら「学歴社会ではない」「社会に出たら実力優先」とは言っても、そのブランド力、ＯＢのネットワークなどを踏まえれば、やはり「早大」という看板は効く。

プロの世界で、勝負をかけてみる。

その挑戦が、育成での3年間で終わったとしても「元プロ」という新たな肩書がつく。それは、今しかやれないことを、全力で挑戦してみたという証でもある。

それが、また新たな評価になる。

転職は、当たり前の時代になる。それが、キャリアアップにつながる。むしろ、そうした豊富な経験が、後々、大きく評価されるようになってくる。

大竹も「野球は辞めなきゃいけないかもしれない」と、一般企業の就職が頭をよぎったことがあったという。

「企業の年収ランク、見たりしました」

就職活動の雑誌を熟読すると、条件のいい企業なら、早大卒で30代になれば、年収１０００万円を超えるような企業すらあったという。

「でも、僕はそこに魅力を感じなかったんです」

やっぱり、プロに行きたい。挑戦してみたい。しかし、今の自分なら、ドラフトの本指名で、下位指名にもかからないだろう。そのことは、自分でもよく分かっている。

「逆に、僕がスカウトの立場なら、４年生のときの僕を見て、指名しようとは思わないですよ。どうやって投げたらいいのか、分からない状態でしたから」

その大竹を、ソフトバンクは継続して調査していた。

熊本・済々黌出身。甲子園にも出たスター投手でもある。

「ウチにとっては地元、そして優秀。セカンドキャリアを考えても、彼なら何でもできるんですよ。十分なメリットを持ち合わせていたからね」

そう語る小川一夫は、３年間の２軍監督を経て、２０１４年（平成26年）から、再びスカウト室長に復帰。大竹の早大４年時には、室長として３年目を迎えていた。

担当スカウトの山本省吾は、大竹と同じ左腕で、現役時代には近鉄、オリックス、横浜（現ＤｅＮＡ）、ソフトバンクの４球団で、13年間のプロ生活を送り、通算40勝をマークしている。石川・星稜高時代には２年夏に甲子園で準優勝。しかも、同じ東京六大学の慶大出身でもある。

大竹にとっては、自分の〝立ち位置〟を、誰よりも理解してくれる一人だった。

「ずっと、僕のことを見てくれていたんです。同じ左ピッチャーで、そんなに球も速くない。似たようなものを感じてくれたんでしょうね。大学で調子を落とした中で『それでもウチに』『育成でも』と目をかけてくださっていた。うれしかったです」

それが、スカウトの誠意でもある。金には代えられない部分でもある。

「育成不可」に○

早大は、育成では選手を出さない。

それが、野球界での〃通説〃でもあった。そこを無理強いすれば、関係がこじれる。ドラフト1位クラスの逸材を生み出す名門大学との今後の付き合いを考えれば、育成ドラフトでの強行指名など、無用な対立を引き起こす必要はないのだ。

２００５年（平成17年）に始まった育成ドラフトでも、早大からは２０１１年（平成23年）に、広島の育成3位指名を受けた投手の塚田晃平一人だけ。塚田の場合は、4年生になって公式戦登板を果たした無名の存在で、しかも2シーズンで戦力外になっている。

大竹のキャリアは、塚田とはまた違う。3、4年時に調子を落としたとはいえ、かつては早大の「エース」の看板を背負い、将来の「ドラフト1位候補」とまで呼ばれた左腕だった。

「本指名だったら、どこでも行くつもりでした」

12球団ＯＫの姿勢で、大竹は指名を待つつもりだった。しかし、指名されたときの意思を確認するための「調査書」が届いたのは、ソフトバンクからだけだった。

育成なら、大竹は来ないだろう。

ならば、出す必要はない。他球団はそう考えたのだ。

ソフトバンクの調査書には「育成指名」に関する項目がある。

「育成可」「育成不可」のどちらかを「〇」で囲み、自分の「意思」を示すのだ。

ドラフト会議の１か月前。

大竹は、早大野球部の関係者が見守る前で「育成不可」に◯を入れた。

「育成が悪いんじゃない。それが普通なんです」

たぶん、プロ、行けないな……。

調査書を封筒に入れ、ポストに投函した。

「それでいいんかな、と思ったんです」

決断したはずなのに、大竹は迷い続けていた。

「自分で大学を説得しなさい」

山本は「育成不可」の調査書を受け取ったときが「起点だった」と表現する。

「本当に欲しいから、追いかけるのか。不可だから終わるのか。育成、早大、はい、ダメでした、で普通は終わるんです。でも僕は、担当スカウトとして、大竹にホークスのユニホームを着てほしかったんです。自分と同じタイプの左腕でしたし、すごく興味がありました」

山本は、熱心に大竹をマークし続けてきた。

１年から早大のエースとして活躍し、２年時に大学日本一。しかし、３年以降は左肩、左膝とケガが相次ぎ、思うようなピッチングができていない。

「いいときを切り取ると、日本の大学球界を代表する技巧派左腕なんです。ホークスにはいないタイプですし、こういう投手は面白い。九州出身だし、ホークスの空気とも合うでしょうしね。彼のテクニックを見ることで、ファームにいる、荒れるタイプのピッチャーにも相乗効果が生まれる。いいことばかりを考えると、フィットするんです」

大竹獲得を諦め切れない山本は、「育成不可」の調査書が届いた後、早大側に改めて、大竹の意思確認に出向いた。やはり、と言うべきだろうか。

「調査書を書き替えたいんです」

早大の関係者から、大竹の〝翻意〟を伝えられたという。

「ウチは、育成でも絶対に獲る。だから、自分で大学を説得しなさい」

山本から伝えられたメッセージは、球団の総意でもあった。

大竹は、自分の野球人生をかけて「監督に直談判しました」という。

山本のもとに「育成での指名を認めます」と高橋から電話が入ったのは、ドラフト会議直前のことだった。

育成4位指名。

他球団は、ソフトバンクの〝荒業〟に、首をひねった。

ホークスの育成だから、行く。

プロでやりたい。自分の力を試してみたい。

その強い意思と、筑後という絶好の環境が、大竹の〝覆した決断〟の理由だった。

「どこの練習場に行ってもない環境です。僕は、めちゃくちゃ好きです。野球に関して余計な労力がいらないんです。より高いレベルに置いた方が、自分に求める基準が絶対に引き上がる。育成となれば、アピールが大事になってくる。その機会は多いよと、スカウトの方も話してくれました。こういうところがいいんだと」

名門高校から名門大学。

そのエリート街道のど真ん中を歩いてきた男が、あえて「育成」という立場に身を置く。

「周りがこうだから、ああだから、というのはなかったんです。自分の性格的に、そういうのは気にしないですし、普通、こうだよと言われても、普通じゃない方に行きたがる。プロの世界って、そういう人が多いと思うんです。この世界、同じことをしていても、抜きん出られない。みんな、オリジナリティを意識しているんじゃないですか？」

学校や会社、さらにはお世話になった恩師や関係者のメンツを立てる。

それも、日本的な考え方だ。その保守的な、伝統的な縦社会の色合いがいまだに強い野球界の中で、大竹は自らの意思を貫いた。

その「信念」に「潜在能力」が掛け合わされ、大竹は瞬く間に台頭してきた。

「隠し玉になるかもしれない」

２０１８年（平成30年）のソフトバンクは、シーズン当初から、投手陣に故障者が相次いだ。２軍で結果を出した投手も、どんどん１軍に上がっていく。

そうすると、２軍の台所事情すら、途端に苦しくなってきた。

「監督、２軍で先発がいませんよ」

２軍投手コーチの久保が、２軍監督の小川に窮状を訴えたときだった。

「大竹、おるやん」

「えっ、いいんですか」

久保の返答には、意味があった。育成選手は、公式戦の１軍ではプレーできない。支配下に切り替えることができるのは、その年の7月末がリミットだ。

育成でいる間は「１軍戦力」ではない。そうすると、投手のコマ不足に悩む１軍の事情を考えれば、２軍の試合で登板させる優先順位が、育成選手だとどうしても下になる。

しかし、支配下に切り替える候補の一人として大竹を考えているのであれば、１軍戦力として、準備させておく価値はある。

小川も久保も、その能力を高く評価していた。

小川がスカウト室長に復帰した２０１４年（平成26年）、大竹は早大１年だった。

「デビュー戦を見ているんよ。阪急の星野伸之のイメージやったね。カーブも大きい、チェンジアップもいい。もう少しストレートが速くなったら『星野』だなと」

ストレートは１３０キロ台。それでも１００キロを切る、緩く、落差の大きなカーブを交えた頭脳的な投球を見せ、阪急、オリックス、阪神で18年間活躍、１７６勝をマークしたスレンダーな左腕は、大竹と投球のタイプも背格好もそっくりだった。

潜在能力は十分にある。左肘の故障が癒えれば、間違いなく戦力になる。

仮に社会人に進んで、本来の力が戻れば、２年後にはドラフトの上位指名候補として、複数球団が取り合いするような存在になれるかもしれない。

その「将来像」を見抜いた上で、他球団が指名を敬遠する今だからこそ、育成で獲る。

それが、小川や小林、永井で統一してきた「先に獲る」の方針だ。

潜在能力は、間違いなくある。過去の実績もある。ただ「今」がよくない。

大竹のルーキーイヤーとなる２０１８年（平成30年）から、ソフトバンクの２軍投手コーチに就任した久保康生は「最初、とんでもなく悪かったね」と振り返る。

「不細工な投げ方だったなぁ。でも、キャッチボールがよかったんよ。指先の感覚というのか、暴投をしないんだ。これ、何とかしたら、いけるんじゃないかなと」

そこで久保は、大竹に対して「ピッチングと違うところから触った」という。

踏み出した右足に、きっちりと体重を乗せる。１８４センチの長身をフルに生かし、左腕を大きく、縦に振る。そうすれば、スピードガンでの表示は遅くても、その長い腕と制球力で、打者に対して優位に勝負できる。

低めに制球しようとする意識が強過ぎると、どうしても低い位置から球を押し出そうとしてしまう動きが強くなり、左腕の角度も低くなる。

しかも大竹は、投球モーションを起こすときに、低めを突こうと考え過ぎるのか、どうしても軸足となる左膝が深く折れてしまうという悪癖も出ていた。

久保は大竹に、身長と同じくらいの長い棒を振らせた。さらに左膝を固定するギプスをはめさせ、シャドーピッチングを繰り返させた。マウンドとは逆傾斜となる踏み台を置き、そこに右足を踏み出させて、投球モーションをさせた。

これらは、体が打者方向に突っ込み過ぎないようにする久保発案の矯正法だ。

「体のバランスを覚えさせる。それから、ボールに持ち替えさせたんです」

クレバーな技巧派は、久保の指導が意味するエキスを、すぐに吸収した。

3月のオープン戦での好投は、早々と見せた「好転への兆し」だったのだ。

小川は、当時1軍ヘッドコーチだった達川光男に「隠し玉になるかもしれない」と告げたという。「そもそも、達川が本気にしていたかは、分からんけどね」

その年、1軍投手陣に故障者が相次いだ。

当時、1軍投手統括コーチだった倉野信次は、新たな戦力を見極めるために、ウエスタン・リーグの公式戦が行われた広島・由宇まで視察に来た。

そのとき、倉野が念頭に置いていたのは、別のピッチャーだったという。

ところが、目に留まったのは〝復調したルーキー左腕〟だった。

「久保さん、大竹の方がよくないですか?」

ファームでも、順調に白星を積み重ねていた。済々黌では甲子園、早大では神宮の大舞台に立った実績も十分にある。

「能力、そして経験値。早大までやってきたわけだよね。苦労した経験、いい失敗。そのあたりが、うまくつながったね。思いの外、早くよくなった。そこからはとんとん拍子。あれよあれよ、という感じだったね」

そう評価していた久保も、倉野の〝方針変更〟には、もちろん同意した。

支配下選手への登録期限のリミット目前の7月下旬、大竹は球団事務所に呼ばれた。

「おめでとう。支配下登録になるから」

待ち望んだ朗報。

永井がそう告げた瞬間、大竹の目からうれし涙があふれ、その場に泣き崩れたという。

「その球なら大丈夫と、いい意味で勘違いさせてもらいました。いいところを伸ばしてもらえました。こうならないといけないというのが明確化されていた。それが大きいのかな」

復調すれば、すぐに投げられる。だから、まず3軍に置いてみよう。

ソフトバンクの「評価」は、実に的確だった。

〝翻意前の調査書〟

甲子園で活躍した。神宮も沸かせた。その輝きが、今は失せているかもしれない。

その原因を探り、ケガを治し、体調を戻し、トレーニングを積む。

そうすれば、持てる能力が再び開花し、さらに伸びる可能性だって出てくる。

大竹を〝復活〟させた久保は「そこが、３軍の面白いところ」という。

「例えば、ウィスキーなら、樽を寝かせておける場所があるわけじゃない。樽をストックしていても、１軍は十分に戦える。その樽がいくつもある、その強さがまずあるよね。ウィスキーを出荷したら、もう在庫がなくなるというのでもなくて、まだまだある。３軍から２軍、２軍から１軍。しっかりと熟成させる期間がある。だから面白いし、こちらもやりやすい。寝かせておいて、そこから孵化させることができるシステムなんですよ」

山本にとっても、大竹獲得は「勉強になった」という。

「育成でもチャレンジしてくれた。そこに敬意を表したいです。高い順位の指名じゃなかったですけど、入ったら可能性がある。それを理解してくれて、覚悟して、ホークスに来てくれて、今の位置にいる。プライドもあるはずなのに、泥くさくやってくれて、プロに入って３月、４月でもう、見違えるようになった。なかなかないケースですよね」

支配下選手への昇格が決まったとき、山本に誰よりも早く電話をしてきたのは、一度は育成入団に難色を示した早大の監督・高橋広だった。

「すごく喜んでくださったんです。高橋監督も、大竹のことをよく分かった上で、覚悟を持って決断して、ホークスに来てくれたことを分かっていてくれたんですね。選手獲得のプロセスというのは、こういうことがあるんだな、と」

山本は、大竹が一度は「育成不可」に○を入れた〝翻意前の調査書〟を、今も大事に、手元に保管しているという。

この経験を、忘れないために——。

「千賀さんも育成4位。僕も4位」

大竹が「育成選手」だったのは、半年間だった。

「3軍だと、大学生と試合をするんです。プロ野球選手という感じはしませんよね。だから、試合の機会を与えられるということが『甘い』ということには、決してつながらないと思うんです。それは、選手の意識次第です。2軍で投げられたから、それでいいとなる選手も、いるかもしれません。それも勘違いです。誰しもが、それは通る道ですね」

四国ＩＬとの交流戦。

登板日の当日移動で、片道8時間のバスから降りた直後に、先発した経験もある。

「それ、一度だけですけどね」

そんな苦労も、今だから、笑って振り返られる。

「ホークス、よく来てくれたと思いますよ。それって、環境とか実績ですかね、そこによっぽど自信があるからなんでしょうね」

早大だから、育成では来ない。エリートの選手だから、育成は選ばない。

そんな固定観念には、決して囚われない。

ウチに来たら、伸びるよ。それだけの環境はあるよ。あとは自分の努力次第だよ。

球団側が、自信を持って選手側に告げ、選手側も、これを理解した上でプロに来る。

大竹は、この「ｗｉｎ‐ｗｉｎ」の関係を体現したともいえる「千賀滉大」の存在が、自らの「指標」になったという。

「千賀さんも育成4位。僕も4位です。頑張れば、僕も行けるんじゃないかと。いい意味で勘違いさせてもらいました。コントロールには自信があったので、そこを伸ばして、ウィークポイントも強くする。その『道』を示してくれた感じです」

千賀滉大も、甲斐拓也も、高校時代は全く無名の存在だった。
その『底辺』から這い上がってくる成功譚に、3軍制の魅力が詰まっている。
しかし、これからはきっと、大竹耕太郎のようなケースも増えてくるに違いない。
精彩を欠いたエリートが『復活』を期する。自らの可能性に、もう一度賭けてみる。
3軍は、その〝セカンドチャンス〟の場としても、活用できるからだ。

第10章　イチローよりも速い男

「令和の韋駄天」周東佑京

シンデレラ・ボーイ。

周東佑京のような、激変の１年を過ごした男にこそ、ふさわしい称号だろう。

「『小さい頃、会ったことあるんだよ』とか、よく言われるんですけど、そういうの、シカトしちゃってますけどね。そういう人、増えましたね。こういうのって〝あるある〟なんでしょうね。まあ、しょうがないですけど」

育成選手から、侍ジャパンへ――。

支配下選手に昇格したのは、２０１９年（平成31年）３月の開幕前。

侍ジャパン入りを果たしたのは、その年の11月。

周東は、その「足」で日本代表入りを果たし、その驚異的な「スピード」で、目の肥えた野球ファンをうならせ、プレミア12での初の世界一に貢献した。

わずか1年前には、背番号「１２１」を背負っていた男の華麗なる〝超速出世〟だ。

周東は、筑後の育成拠点が完成した後の育成入団になる。

その「第3世代」から生まれた初の日本代表を、周東獲得時のスカウト室長だった現2軍監督の小川一夫は、こう表現する。

「傑作よ」

その「令和の韋駄天」が誕生した経緯こそ、3軍制の「新たな潮流」を物語っている。

千賀滉大、甲斐拓也、牧原大成の「3軍1期生」が入団した２０１１年（平成23年）から3年間、2軍監督を務めた小川は、２０１４年（平成26年）から再び、スカウト室長に復帰していた。

その4年目の２０１７年（平成29年）のことだった。

2月に入ると、各スカウトからドラフト候補として、今後追いかけていく選手がリストアップされる。これをもとに、2月中旬から、有力選手のいる学校や会社にスカウトたちは足を運び、練習ぶりをチェックし、あらゆる角度から調査を始めていく。

２０１６年（平成28年）には、福岡・筑後市におよそ60億円をかけて育成の一大拠点を造り上げた。隣接した球場を２つも擁する豪華施設だ。

その「環境」と「実績」が、ソフトバンクの「育成力」の評価を上げていた。

「いい言い方をすると、スカウトにもプラスなんです。なかなか思い切っては獲れない選手でも、育成なら獲れる。獲ってみて、そのポジションで、その力量ならこうなった……と勉強になる。こうなる可能性があるのか、と。だから、ウチのスカウトは経験値が高くなっていくんです。失敗も成功も、経験値ですから」

小川の後を継いで、２０１８年（平成30年）から、編成育成部長とスカウト室長を兼任している永井智浩は、３軍制の〝副産物〟として、スカウトの目の「成長」を挙げた。

短所には、少々目をつぶっても、その「持てる能力」を見出す。

無名の公立高校にいた千賀滉大。小柄ながら強肩が魅力だった甲斐拓也。

潜在能力を秘め、他の選手にはない「一芸」に秀でた選手こそ、育成のやりがいがある。

スカウトたちにも、その「見方」が、身についてきたのだ。

「第３世代」周東佑京

レフト前ヒットで一塁から三塁へ

２０１７年（平成29年）２月。

宮崎キャンプ中に行われた「スカウト会議」でのことだった。

「一芸、おらんか？」

小川が、そう声をかけると、担当スカウトから、何とも興味深い提案が上がった。

「足だけなら『イチローより速い』と言われている選手がいます」

そうしたセールスポイントこそ、まさしく、３軍向きだろう。

その選手がいる東農大北海道オホーツクはそのとき、沖縄でキャンプを張っていた。

「見に行こうか」

小川は早速、宮崎から沖縄へと向かった。

ソフトバンクのスカウト陣が視察に訪れた沖縄で、練習試合が組まれていた。

身長１８０センチ、体重74キロ。

野球選手にしては、スリムな体形の周東佑京が、一塁ベース上に立っていた。

次の打者が、レフト前へヒットを打った。

そこで、信じられないシーンを小川は目撃することになる。

周東は、何の躊躇もなく、ノンストップで二塁ベースを蹴ったのだ。

「常識では、考えられんやろ？」

小川が言うまでもなく、まさしく、セオリー無視の暴走に近い。

ライト前ヒットではない。レフト前だ。ピッチャーの投球モーションに合わせて走り出し、打者が打つという「エンドラン」のサインも出ていなかった。

しかも、守っているレフトの方が、走っているランナーよりも、三塁ベースに近いのだ。

自分の「前」に打球があるときは、手前で止まる。その〝当たり前〟を覆し、突っ走っていく周東は、悠々と三塁を陥れた。

レフトが、お手玉をしたわけでもない。打球を後ろにそらしたわけでもない。

普通のレフト前ヒットで、一塁走者が三塁まで走った。

弾よりも速い。いや、球よりも速い。

イチローどころか、こうなると、映画の「スーパーマン」のキャッチフレーズだ。

スカウトは選手を視察する際、その片手に必ず「ストップウォッチ」を握り締めている、打球をバットに捉えた瞬間、つまり、打球音がした瞬間にストップウォッチのボタンを押し、一塁ベースにどちらかの足が触れるまでのタイムを計る。

それで「スピード」のレベルを見るのだ。

スリムな「スーパーマン」のスイングには、非力さが否めない。

ところが、打って、走り出した瞬間、グラウンドの空気が一変する。

流し打っただけで、ショートが慌てる。ちょっとでもボールを握り損ねたり、ステップをし損なったら、セーフになってしまう。

左打者なら、４秒３を切って「標準」。４秒を切れば「俊足」と分類される。

チェックした打席は、ことごとく「３秒台後半」で一塁ベースに到達していた。

「この足で、十分だな」

小川は、周東の育成指名を、その場で決断したという。

監督の樋越勉は、当時ソフトバンクの育成選手だった捕手・樋越優一の父だった。

同大からはかつて、左腕の飯田優也（現阪神）を育成で獲得するなど、その関係性も深かった。

「どうですか？　本人はプロ志望なんですが、社会人のチームも来ています」

試合後、樋越から早速、耳寄りな情報が告げられた。これが長年、スカウト陣が築き上げてきた、信頼の証でもある。

すでに、イチローばりの「足」が、評判になりつつあった。

周東はその後、春の北海道学生リーグで、打率・３６６、７盗塁をマークしてリーグＭＶＰを獲得するとはいえ、打撃の「非力さ」がネックだった。

俊足タイプの左打者には、打ってすぐ、一塁へ走り出したいという思いが強すぎて、打席の中で動きながら打ってしまう「走り打ち」という悪癖が目立つ。

これでは、プロの世界では対応できないだろう。

そこが、他球団が指名を敬遠する最大の理由になる。

「打つのは、確かに非力。でも、あの『足』だけで十分だったよ」

その８か月後。小川の〝宣言通り〟に、育成２位で周東を指名した。

「第1世代」と「第3世代」の環境の差

周東にしろ、大竹にしろ、この「第3世代」は、筑後という一大拠点が完成した後に、育成指名を受けている選手たちだ。

千賀、甲斐、牧原の「第1世代」と比べたとき、この「環境」の差は顕著だ。

違うっすね。僕も思います。マキさん（牧原のこと）と話しても、ハングリーさが、僕らなんかより、全然上です。マキさんも、千賀さんも「今の子は恵まれてるよ」って。

その通りですよ。

全部そろっていて、はいどうぞ、とできるんです。僕は「今」でなければ、大卒で（育成では）入っていないかもしれないです。環境は、すごくいいんです。どのタイミングでもやろうと思えば、ウエートトレーニングもやれるし、室内練習場もいつでも使える。そのあたりは、すごくよかったですね。

何もかも、整っている。

周東も、大竹も、だから「ホークスの育成」を選んだという。

その整った環境を生かすのは、自分次第なのだ。

これを活用できれば、チャンスをつかめる。

育成だろうが、3軍出身だろうが、そのスタートは関係ない。

その基礎を築いたのは、何もなかった千賀や甲斐、牧原たちの時代があるからだ。

涙を流しながら練習した甲斐、バスの通路に寝た牧原。

そのエピソードと、周東に与えられた「環境」とは、天と地ほどの差がある。

そこに気づかされたとき、取材してきた私にも、ちょっとした「迷い」が生じた。


1期生の苦労。その泥臭さこそが、彼らの「たくましさ」の原点でもある。

それが、プロの世界では不可欠だ。

根性論、精神論がとかく敬遠される風潮の中でも、どん底から、必死に這い上がっていくそのストーリーは、やはり共感を呼ぶ。

プロって、やっぱり、それくらい、やらんとあかん――。

甲斐の話を聞き、牧原の話を聞き、千賀の発掘秘話を聞くと、その波乱万丈ぶりも相まって、深く共感してしまう。どうしても、彼らの話に引き込まれてしまう。

しかし、こちらの話に心の重点を置いてしまうと、どうしても短絡的な、こんな〝結論〟に結びつけてしまいがちになる。

「今」は、甘すぎる――。

その〝ありきたりのパターン〟だけは、避けたかった。

私が描きたかったのは「3軍制」というプロジェクトが発足し、順調に発展していくプロセスはもちろんのことだが、時代や社会の変化に伴って、選手たちの「気質」も、変化していることに、気づかされたことだった。

時計を、逆回しにすることはできない。

周東佑京を、甲斐拓也がいたその環境に置くことは、できないのだ。

「育成」というシステムが確立された。

創成期が千賀、甲斐、牧原なら、過渡期が石川で、充実期の今が周東であり、大竹だろう。

千賀と周東では、わずか3歳、プロ入りの年次でも7年しか違わない。

かつてなら「10年ひと昔」と言われた時代の変化は、加速度を増しているようだ。

「生かすも殺すも、自分次第」

試合を通して、選手を評価する。

そのシステムを稼働させるためには、２球場が必要だった。選手の増員も必要だった。

その環境のもとで、競争させる。

蓄積されていく過去のデータを参照に、トレーニング法、栄養摂取、休養、試合数などが選手のレベルに応じて、綿密にプランニングされる。

その「育成法」が確立され、ここに共感し、納得できたからこそ、周東はソフトバンクを選んだと、はっきりと言うのだ。

「生かすも殺すも、自分次第なんですよね。やるか、やらないか。大竹なんか、結果を間近で見ているわけですよ。だから、納得できるんです」

同期の大竹は、早大からの育成入団だった。

済々黌で甲子園２度出場、早大２年時には全日本大学選手権で胴上げ投手。しかし、３年以降は、故障で精彩を欠いていた。

復調できれば、プロでやれる。その思いを叶える「場」として、大竹も「ホークスの育成なら」と納得した上で、この環境を選んだのだ。

1期生たちは、3軍という計画はあっても、形は見えない状態だった。しかも、ドラフト候補からは当初、外れていたような無名の選手だった。

一方で、周東には全日本大学選手権への出場経験がある。北海道リーグで、4年春にはリーグMVPに輝いた実績もある。大卒という肩書もある。

選ぼうと思えば、育成よりもいい条件の就職先だって、いくらでも選べるのだ。

「そんなにチャンスはないと思ったんです。社会人に行って、2年やって、プロに行こうと思っても、例えばケガでもしたら行けないじゃないですか？　行けるときに、チャレンジしようと。だから、全然マイナスに捉えることは考えていなかったですね。筑後も、ここなら、というか、ここなら、やるだけだなと。これだけ整っている。うまく使うのは、自分次第だと思っていました」

野球をやりたい。プロでやってみたい。

その中で「筑後」という整った環境なら、自分の能力を伸ばせると判断した。

「安定」という言葉が、絶対視されなくなってしまった時代に、己の可能性を、己の力で磨き上げることができる。

そんな「環境」のあるところを選ぶのは、むしろ、当たり前のことかもしれない。

周東と話していると、さらりとした、穏やかな外見とは裏腹に、物事をきちんと、そして冷静に、自分を客観視していることに気づかされる。

それが「令和時代」の若者たちなのかもしれない。

周東は、自分の「魅力」を分かっている。

それを、しっかりと、自分の言葉で表現できる。

「僕の場合、足を生かさないといけない。トータルで、悪いところを1個1個潰していくよりも、一番いいところを伸ばしていこうと思っていたんです」

小川が見ていた「レフト前で一塁から三塁へ」という、セオリー無視の暴走も「ストップがかかっても、自分で行っていました」と、あっさりと言ってのけた。

「プロになりたかったんで、いいところを見せたかったんです。多少暴走でも、狙っていけるという脚力は、アピールになると思ったんです」

50メートル5秒7。それは、普通に走っても超俊足だ。

群馬・東農大二高時代には「高校で、盗塁してアウトになったことが、あまり記憶にないです」というほどのスピードだった。

大学時代に「イチローよりも速い」と言われた〝秘密〟も、笑いながら明かしてくれた。

「ウチの（樋越勉・前東農大オホーツク）監督が流していたみたいです。そんなわけ、ないだろ、って思っていたんですけど、それくらい注目されていた方が、言われている以上はやんなきゃいけないいだろう、って思っていました」

俺は、誰よりも速い。

「セルフ・プロデュース」の力とでも言えるだろうか。

この「足」なら、誰にも負けない。

そして、こうしたセールスポイントを、どこよりも高く評価するシステムこそが、ソフトバンクの「3軍制」でもあるのだ。

「足」だけで日本代表に駆け上がる

2018年（平成30年）

ルーキーの周東は、ウエスタン・リーグで90試合出場、打率・233。本塁打0。

フレッシュオールスターで2安打を放ち、優秀選手賞に輝いたが、トータルで見れば、打つ方の数字は、平凡どころか並以下の数字だ。

しかし、盗塁は「27」。9月26日の広島戦（山口・由宇）では、1試合4盗塁を決めるなど、堂々のウエスタン盗塁王に輝いている。

私も、周東の「快足」を目の当たりにした試合があった。

２０１８年４月14日、奈良・橿原市の佐藤薬品スタジアムで行われたウエスタン・リーグのオリックス戦でのことだった。

ソフトバンクが、４点差を追いついた９回表の攻撃は、さらに２死一塁と続いた。

そのときの一塁走者が、周東だった。

左打者の釜元豪の当たりが、レフト方向にふらふらと上がった。

レフトが必死に前進してくる。その前へ、ポトリと落ちた。

そのときだ。

周東は、もう、本塁の手前にいた。

レフト前へのヒットで、勝ち越しのホームインだ。

実は、釜元のスピードを測定しようと、打った瞬間にストップウォッチを押していた。

２死だから、ほぼ打つのと同時に周東もスタートを切っている。

釜元ではなく、周東に目標を切り替えた。

ホームインの瞬間、スイッチを押した。

「10秒３９」

スカウトは、スピードの目安として、打った瞬間から三塁までだと「12秒３」以内を俊足と判断する。

２死で、打った瞬間にスタートする。打席とは違って、一塁ベースからリードも取っているとあって、単純比較はできないとはいえ、〝三塁打〟での俊足の基準より「２秒」も速い。

そのシーンは、周東の記憶にも明確に残っていたようだ。

「あのときですね。ああいうのは、いつも、狙っているんです」

この「足」に着目していたのが、侍ジャパン監督の稲葉篤紀だった。

２０１８年10月。

コロンビアで開催された「第２回ＷＢＳＣ　Ｕ-23ワールドカップ」で、周東はＵ-23の日本代表24選手の一員に選出された。

「まだ育成なのに、いいのかな、って感じる部分はありましたね」

翌２０１９年。プロ２年目の宮崎キャンプで、周東は主力中心のＡ組に抜擢された。

しかし、オープン戦での打率・０９１、しかも０盗塁。

「今でも、はっきり覚えています。キャンプで結果を残して、ある程度いけると正直思っていたんです。でも、オープン戦で結果が出ない。もう終わったと思いました。ここで（支配下昇格が）なければ、この先、ないだろうと。無茶苦茶、焦りました」

それでも「足」が評価された。

開幕直前に支配下選手に昇格すると、１０２試合に出場。

チームトップの盗塁25。そのうち15は「代走」での成功で、盗塁死は5つのみ。その成功率は・８３３の高率だった。

この「スピード」で、周東はプレミア12での侍ジャパン入りを果たした。

打率1割台。その「足」だけで、日本代表に駆け上がったのだ。

「場違いだと思いました。名前を知っている選手ばかりじゃないですか？　自分がこの中に入っていいのか、めちゃくちゃ、それは思いましたね」

しかし、そんな物おじするような部分は見えなかった。

一躍、周東の足が注目されたのは、スーパーラウンド初戦の豪州戦だった。

１－２と、1点差を追う7回裏、先頭打者の吉田正尚（オリックス）がセンター前ヒットで出塁すると、周東が代走に指名された。

すると、次打者の浅村栄斗（現東北楽天）が三振に終わった5球目に二盗を成功させる。

さらに2死後、源田壮亮（埼玉西武）の3球目に三盗も決めた。

2死三塁とした直後の4球目、源田がセーフティーバントを敢行。その意表を突いた攻撃で、周東が同点のホームを陥れた。

その「足」が、世界レベルの舞台で輝いた。

「足、イコール周東、みたいになっているじゃないですか？」

それが今、周東にとっては「重圧」になっている。

「あまり注目されるの、得意じゃないんです。だから、余計に力が入ってしまう。（キャンプ中の）シート打撃でも、ランナーに出て、期待に応えないといけないと思うじゃないですか？　でも、現状は全然、走れていない。今までなら、僕を誰も見ていない。注目されている中で、難しいものですね」

それが、真の一流になるための『壁』でもある。

そこを、いかにして乗り越えるのか。

周東は、プレミア12が終わった途端、秋の宮崎キャンプにやって来た。

休養ではない。バットを振りまくったのは、真の「レギュラー」になるためだ。

「やんなきゃいけない。そう思っています」

足のスペシャリストでは、終わらない。

いよいよ「第４世代」へ

２０２０年（令和２年）３月16日。

ソフトバンクは、２人の育成選手を支配下登録することを発表した。

３年目の投手・尾形崇斗と、同じく３年目の内野手・リチャード。

福島・学法石川高出身の尾形は、１５０キロ超のスピード、高校出の育成、そして右腕という共通点から「千賀２世」の異名を取る。リチャードは父がアメリカ人、母が日本人、兄は米マリナーズ傘下のマイナーに所属する投手であり、身長１メートル89、体重１１２キロの恵まれた体格から、２０１９年冬に行われた台湾でのウィンターリーグで本塁打、打点の２冠王に輝くなど、次世代の大砲候補の評判が高い。

２０１７年（平成29年）育成ドラフトの１位が尾形、２位は周東で、３位にはリチャード、４位が大竹だった。

〝筑後育ち〟の飛躍は、まさしく「３軍制」の充実ぶりを示している。

ソフトバンクのＧＭ・三笠杉彦は、千賀、甲斐、牧原の「第１世代」から、石川の「第２

世代」、大竹、周東の「第3世代」に続き、いよいよ「第4世代」に突入したという。

「始まりの頃、ホークスの3軍、育成に関して、他は無警戒だったんです。だから、千賀君や甲斐君、牧原君が獲れたんです。

石川君の頃、ちょっと（1軍選手が）出てくるのが止まるのは、ホークスの3軍や育成が結果を出してきて、プロが警戒するのではなく、大学や社会人が警戒したからなんです。育成選手を獲るのは、アマとの競争になるんです。そういう時期がありました。

そこで（筑後の）施設が整うタイミングが合ったわけです。

またスカウティングに力を入れました。千賀君や（甲斐）拓也君が日本を代表する選手になったのも大きかったですね。大学や社会人に行かないで、ホークスに来る。育成でもいい選手が来る。それが第3期ですね。

これから起こる第4世代は、長谷川（宙輝《ひろき》）君みたいに、他の支配下へ行くケースでしょうね。これに、どう対処するかです」

その「第4世代」の流出が、すでに起こっている。

三笠が挙げた長谷川宙輝は、東京・聖徳学園高から2016年（平成28年）に、育成ドラフト2位指名を受け、ソフトバンクに入団した左腕投手だ。

高校3年夏の西東京大会では3回戦敗退。しかし、2年秋には1試合20三振をマークしたこともある隠れた逸材は、まさしくソフトバンクの「3軍」にふさわしい、育てがいのあるサウスポーでもあった。

プロ2年目で、2月の宮崎キャンプでは主力中心のA組に抜擢された。しかし、そのふるい落としの中で生き残れず、支配下昇格のチャンスを逃してしまった。

在籍3年で、育成選手はいったん自由契約になる。そのとき、他球団から声がかかり、移籍することは、ルール上全く問題はない。

逸材がゴロゴロしているソフトバンクの3軍はまさしく、宝の山だ。

長谷川はいったん、2019年の宮崎秋季キャンプに参加している。しかし、そこでヤクルトから「支配下」としての入団打診があった。

すると、キャンプを離脱して、新天地を選んだのだ。

ただ、これに対しても、あえて〝逆〟のことを言ってみる。

ソフトバンクにお世話になって、まだ結果が出ていないじゃないか。

だから、ご恩返しができる立場になるまでは、そこで頑張るべきではないか。

それが、ちょっと上の世代の〝当たり前〟の感覚かもしれない。

しかし、長谷川はヤクルトへの移籍を決断した。

自分を生かせる「環境」を、自分の力や立場に応じて選ぶ。

そこを、ドライに、シビアに決断できるのが「第3世代」以降の「新世代」の特徴なのかもしれない。

「足」を生かす。

「足」を伸ばす。

「足」で生きていく。

それができる「環境」を選ぶのが、周東の決断でもあった。

「3軍だから、育成だから、というのは、そんなになかったですね。やったら、やった分だけ、返って来ると思っていました。設備だってすごいし、他の球団なら分かりませんでしたけど、ホークスの育成なら頑張ってみようと。筑後という設備もある、育成からすごく活躍している選手もいる。僕は、それが励みになりました。入る形は関係ないんだと。ドラフト1位だって、活躍できないこともある。だから、捉えやすかったです。僕は、すんなりと入ろうと思いました。親からも、反対されたりすることもなかったですし」

「3軍制」は、時代の流れに即し、そして、令和の新時代を担う若き世代の心にも、うまくフィットするのかもしれない。

千賀、甲斐、牧原、石川、大竹、周東。

その「順」の妙味も、偶然ではなく、必然だったのだろう。

終　章　宮崎の白梅

生目の杜運動公園

南国・宮崎といえども、２月の朝は、頬に感じる風が実に冷たく感じる。

午前９時頃、選手たちを乗せたバスが、西駐車場のゲートをくぐる。

そこから、緩いスロープを１００メートルほど上っていく。

フロントガラスの向こう側。正面に見えるのが「アイビースタジアム」だ。

収容人数１万１０００人。内野は土、外野フィールドは天然芝という、その美しいコントラストが目を引くグラウンドで、１軍の主力中心のＡ組が練習を行う。

まぶしい朝の光が、高くそびえ立つスタジアムの外壁のてっぺんで反射して、どこかしらくっきりと、その縁を浮かび上がらせているかのように見える。

左の窓から見えるのが第2野球場だ。

ここで、B組に分類された2軍と3軍の若手選手と、故障明けなどで調整ペースが遅れている一部の主力組が練習する。

ソフトバンクのキャンプ地、宮崎市跡江《あとえ》にある「生目《いきめ》の杜《もり》運動公園」には、この2つのスタジアムが隣接している。

一本の梅の木（手前）

公園内に入ると、バスはスピードを落とし、徐行運転になる。

アイビースタジアムと第2野球場の間の道を、バスはゆっくりと走っていく。

その数メートルが、1軍と2軍、1軍と3軍を隔てる〝距離〟でもある。

その「曲がり角」に、一本の梅の木が植えられているのに、気づく選手は少ない。

宿舎から球場へ行く早朝のバスでは、左の窓から。

球場から宿舎へ戻る夕刻のバスだと、右の窓から。
2月になると、白梅の花がほころび始める。
日を追うごとに、その花が一つ、また一つ、開き始める。
キャンプ生活を積み重ねていく日々の中で、白梅の花が、日に日に増えていく。
己の可能性を信じ、夢を追う。そのために、汗を流し、泥にまみれる。
やる気に満ちた朝。そして、疲れ果てた夕刻。
梅の木の脇を、選手たちは毎日、通っていく。

ここを飛び越えなければ、一人前になれんのだぞ。
毎日、見ているからな。頑張らんといかんぞ。
白い花が、そう呼びかけているような気がした。
そこに植えられているのは、根本陸夫が好きだった「白梅」だ。

第２野球場でのキャンプの様子。奥に見えるのがアイビースタジアム

根本陸夫の〝宮崎通い〟

ソフトバンクのキャンプ地・生目の杜運動公園。

35・4ヘクタールは、甲子園球場の約9個分に相当する。

その広大な敷地内に、両翼１００メートル、中堅１２２メートルと、１軍の本拠地・福岡ＰａｙＰａｙドームと同じサイズの球場が、隣接する形で２つある。

室内練習場の「はんぴドーム」は、65メートル四方の人工芝フィールドに、屋内でも屋外でも、同時に7人が投球可能なブルペンが設置されている。

多目的グラウンドは2面。全面土のＡグラウンドでは主に守備練習が行われ、

前宮崎市長の津村重光

天然芝と人工芝の２コートに分かれているＢグラウンドでは、もっぱら天然芝を使い、足の負担を軽減しながら、ランニングやダッシュを繰り返している。

陸上競技場は、１周４００メートルのアンツーカーで９レーンあり、インフィールドはサッカーの公式サイズ。ソフトバンクがキャンプを行う２月には、Ｊリーグのアビスパ福岡がこの地で、キャンプを行う。

テニスコートも16面。駐車場は、１２７０台分。

前宮崎市長の津村重光が、この一大スポーツ施設を造るという決断を下したのは、21歳年下の津村を「しげみつぁん」と親しみを込めて呼んだという根本陸夫が、一面の湿地帯だったこの場所に、球場を造るように勧めたことがきっかけだったという。

「寝業師と呼ばれていましたけど、基本は直球を投げる方でした。テクニックだけでは大物の寝業師にならないですよ。決して、偉い人にすり寄ったりしない。でも、うまく動かすんです。その頭の良さというんですか、ありましたよね。スケールが大きいですし、先見の明がありました。改革的経営者につながる反抗心というんですかね」

4期・16年にわたって宮崎市長を務め、２０２０年（令和2年）で政界引退から10年。

72歳になった津村は「私も、根本さんが亡くなった年と同じになったんですよ」と感慨深げに振り返りながら、恩人への思いを語り始めた。

津村は、会社員生活を経て、１９７５年（昭和50年）に宮崎県議となった。

親戚筋が懇意にしていたという根本と、その頃から親交が深まったという。

「月に１、２回、根本さんが宮崎に来られていたんですよ。あの人は、お酒を一切飲まないので、お饅頭ばっかり食べていらっしゃいましたけどね。ゴルフも、月１回くらいは一緒に回りましたね。昭和50年代の頃ですよ」

西武時代も、そしてダイエー時代も、根本の〝宮崎通い〟は続いていた。

携帯電話など普及していない。ダイエー球団内でも、根本のスケジュールをかろうじて把握していたのは、移動の交通手段のチケットなどを手配する女性職員１人だけ。

どうも、毎月のように、宮崎に行っているようだ。

そこまでは分かった。

しかし、何のために行き、宮崎で何をしているのか、誰も知らない。

「どうも、彼女がいるらしい」

ダンディーな根本だけに、そうした色恋沙汰の噂も飛び交った。

「そのことは、あまり、大きな声では言えないですね」

津村が、意味ありげに笑みを浮かべた。これ以上、立ち入るのは野暮というものだろう。

それはともかくとして、根本は宮崎に来るたびに津村に会いに来た。

津村の妻・弘子ともすっかり親しくなり、家族ぐるみで食事にも出かけたという。

その津村が、宮崎市長に初当選したのは１９９４年（平成６年）のことだった。

それはちょうど、宮崎市の市制70周年記念として計画された「総合運動公園構想」のために、現在の生目の杜運動公園がある跡江地区周辺の用地買収にメドがついた頃だった。

湿地帯だったこともあり、水抜きにも時間がかかったという造成地に、津村は当初、ソフトボールができるくらいの球場を、市民向けに造るプランを立てていたという。

「市の財政もきつかったんです。だから、ダウンサイジングで造ろうと。それに、同規模のものは、市内に２つも必要ないですから」

宮崎市には、すでに「宮崎県総合運動公園」があった。

1979年（昭和54年）の宮崎国体のメーン会場。総面積154ヘクタールは、甲子園球場の広さの約39個分にも及ぶ。

サンマリンスタジアム宮崎は3万人収容。内外野とも天然芝の美しい球場は、巨人のキャンプ地として定着している。

木造型ドームの「木の花ドーム」や屋内練習場があり、「ひむかスタジアム」は、かつては宮崎市営野球場と呼ばれていた。

そうした一大スポーツ施設が、すでに整備されていた。

市の人口は約40万人。横浜市の約9分の1、大阪市の約6分の1、名古屋市の約5分の1しかない。街の規模、経済力、施設の利用人数などを総合すれば、単純に合わせると、甲子園球場50個分ほどになる運動公園を、同じ市の中に2つも造ることは合理的ではない。

税金の無駄遣いだという反対運動でも起これば、今後の市政にも影響が大きい。

ところが根本は、どこからか、その「広大な土地」の情報をつかんでいた。

「しげみつぁん、キャンプ向けの施設にしてくれたら、プロの球団を呼べるよ」

実現できれば、観光の目玉にもなる。土地の活用法として、経済効果も絶大だ。

一方で、そのプランが頓挫したら、跡江の土地は塩漬けになってしまうかもしれない。

「ほんとかよ、と思いました。最初は、半信半疑でしたけどね」

そこで津村は、根本の勧めでまず、西武の親会社である「コクド」に出向いた。

ここに、根本の〝深謀遠慮〟があったようだ。

「古巣の西武に、ダメ元で仁義を切らせる。多分、そのときには（宮崎県の）南郷町に内定していたと思うんです。偉いさんが、全く関心を示してくれませんでしたから」

その後、西武も２００４年（平成16年）に、高知・春野から宮崎・南郷へキャンプ地を移転している。そのことも、根本は織り込み済みだったのかもしれない。

「全然ダメでした」と報告に来た津村に、根本は即座にこう返答したという。

「じゃあ、ダイエーだな」

当時のキャンプ地だった高知から撤退し、宮崎へキャンプ地を移転させるというのだ。

一大プロジェクトが、本格的に動き出した。

ホークスのキャンプ地誘致

根本は、津村の案内で、何度となく生目の杜へ足を運んだ。

「ここに、メーン球場を造ればいいな」

アイビースタジアムのライト後方には、小高い山があった。

この山の裾を削って、スタジアムを置く。そうすると、山が壁となって「風が吹かないから」と根本は、その理由まで説明したという。

その横に、もう1つ球場を造ってほしいというのが、根本の強い要望だった。

「そうすれば、1軍も2軍も、一緒にキャンプができるんだ」

根本は津村に「フロリダに行って、見てきたらどうだ？」とまで提案したという。

「司令塔が中央にあって、それを囲むように、4面の球場があるんだぞ」

これには津村も、ちょっとばかり焦ったという。

「ホークスの専用球場じゃなくて、市民が、というのが建前ですから」

それでも、津村はメーン球場に加え、第2球場、多目的グラウンドを2つ、造ることを決めている。つまり、根本のいう「4つ」の条件も、ほぼ叶えている。

さらに、根本がこだわったのは、施設間の「動線」だった。

巨人のキャンプ地・宮崎県総合運動公園は、生目の杜の約4倍の広さがある。

そのため、施設間の距離が広い。選手たちは、目的の施設に向かうため、車や自転車で移動しなければ、練習時間の中でのロスが多すぎるのだ。

こうした負担を減らすために、室内練習場や多目的グラウンドのレイアウトにも、根本は事細かく、要望を出したという。

室内練習場までは、アイビースタジアムの三塁側ベンチ裏を出て、数十メートルも歩けば到着する。どの練習を行うにしろ、選手に大きな負担もかけず、各施設間を徒歩で行ける。

その動線を、ファンが囲んでいる。選手との触れ合いの場にもなる。

そうしたイメージも、根本の脳裏には描かれていたのだろう。

津村は、市の技術職員たちに「根本さんの言う通りにやりなさい」と告げたという。

総事業費１７３億円の一大施設は、２００３年（平成15年）10月に完成。その年の秋から、根本の約束通りに、ホークスはキャンプ地を高知から宮崎へ移した。

根本が、この世を去ったのは１９９９年（平成11年）のことだった。だから、実は完成したキャンプ地を、根本は見ていない。

しかし、間違いなく、ここは根本の「構想通り」のキャンプ地なのだ。

宮崎市に、ホークスのキャンプ地を誘致することができた。

ところが、施設が完成した頃になって〝不安の声〟が、市民の間から上がってきた。

「宮崎は、巨人で成り立っているから」

巨人は、１９５９年（昭和34年）から、宮崎の地でキャンプを行っている。

長い歴史は、付き合いの深さとイコールでもある。ホークスへ手厚い便宜を図ったことで巨人がへそを曲げるのではないか。仮にキャンプ地移転とでもなれば、それこそ一大事だ。

津村は、宮崎選出の国会議員の紹介で、当時の巨人軍オーナー・渡邉恒雄のもとへ出向くことにした。

怒りをぶちまけられるのか。宮崎残留のための条件でも突きつけられるのか。

ところが、津村があれこれ悩んでいた悪夢のシナリオどころか、逆に渡辺は「いいことですよ」と全面支援の姿勢を示したという。

「宮崎は、フロリダのような、プロ野球のキャンプの聖地になるべきですよ」

生目の杜で、ダイエーのキャンプを初めて視察していた２００４年（平成16年）２月のある日、津村の携帯電話が鳴った。

秘書が訝しげに「ナガシマさんとおっしゃられる方からお電話です」

巨人軍監督・長嶋茂雄からだった。

独特の、ちょっと甲高い声に「天にも昇る思いでした」と津村は言う。

「市長さん、ホークスのために、キャンプに最適の素晴らしい施設を造っていただき、ありがとうございました。プロ野球を代表して、津村さんにお礼が言いたかったのです」

渡邉にしろ、長嶋にしろ「球界全体のことを考えていらっしゃるんですね」

津村は、深く感じ入るものがあったという。

経済効果

ホークスのキャンプ地・宮崎。

そのイメージが定着したことが、宮崎に有形無形の効果をもたらしている。

「福岡からだと、車で来ることができるんですね。当時、高速道路もまだＥＴＣではなくて、係員が料金を徴収していた頃です。週末は必ず混みました。それくらい、県外の方がどんどん来てくれたんです」

津村が語ったように、その経済効果はデータを見ても顕著だ。

宮崎県が、県のＨＰ上で２０１９年（令和元年）５月27日に更新した「平成30年度県外からのスポーツキャンプ・合宿の受入実績について」によると、２０１９年１月から３月の

「31年春季」の観客数は「85万7256人」で、前年比12・4％増をマーク。これは過去3番目となる高い数字である。

その経済効果は「131億6400万円」で、これも過去2番目の数字。PR効果も「67億9900万円」に上り、前年比19・3％の大幅増となっている。

2001年（平成13年）に、シーガイアの破綻問題が浮上。宮崎全体の観光や経済が大打撃を受け「観光が、ガタガタになったんです」と津村。そんな中で、ホークスという新たな〝観光資源〟の寄与は「本当にありがたかった。地域振興にもなりました」という。

ブルーオーシャン

宮崎にキャンプ地を移した、2019年までの16年間で、リーグ優勝は5度、日本一には6度。ソフトバンクに親会社が変わってからの6度の日本一はすべて、2011年（平成23年）に「3軍制」が発足してからの達成だ。

そのシステムも、整えたハード面も、すべてを結果に結びつけている。

金満球団。カネにあかせた補強。カネがあるから選手を呼べるんだ。

しかし「3軍を創る」というプロセスをたどってみれば、よく分かっただろう。

決して、資金ありきではない。

構想を実現させる。人を育てる。知恵も絞る。

３軍制発足時の編成育成部長だった小林至は、育成選手を20人近く抱えて、選手層のパイを拡大する育成法が、日本では「そこが『ブルーオーシャン』だった」と表現する。

競争の激しい既存の市場を「レッドオーシャン」

競争のない未開拓の市場を「ブルーオーシャン」

ビジネス界での「競争戦略」における、正反対のコンセプトだ。

千賀滉大、甲斐拓也、牧原大成のように、高校時代に全く実績のない無名の選手。

石川柊太、大竹耕太郎のように、故障のせいで実力を発揮し切れていない選手。

周東佑京のように、ずば抜けた「一芸」が光る選手。

「そういう選手は、どのチームも眼中にないんですよね」

小林が証言するように、スカウト網から漏れてしまいがちな、見逃しがちなタレントたちを、ソフトバンクはあえて、丹念に調査することで、その「伸びしろ」を測り、その「成長予想」を立てた上で「３軍」で育てるという〝新分野〟に、乗り出していったのだ。

ソフトバンクは、２０１４年（平成26年）以降、ＦＡでの選手獲得をしていない。

もちろん獲得に乗り出しながら、失敗したケースもある。それでも、カネにあかせて選手をかき集めているという指摘は、その事実に照らし合わせても、否定せざるを得ない。

自前で育てて、戦力にする。

それは「選手に強烈な刺激を与えないといけない」という〝王イズム〟でもあり、それを反映させたのが「3軍制」というシステムでもある。

ここまで追ってきた10年のプロセスで、そのことは明確になっただろう。

根本陸夫から王貞治へ

ダイエーで球団代表を務めるなど、誰よりも根本の手腕を知る瀬戸山隆三は、根本から王という「継承」の成果こそが、ホークスの隆盛の礎だと力説する。

「王さんは、巨人を捨てて福岡に来てくれた。根本さんは亡くなったけど、王さんには最後まで、福岡で野球の発展に尽くしてほしいんです。ON決戦を戦って、巨人に勝って、話は一つ、完結したんです。確かに巨人も3軍があるけど、相変わらず、FAでいっぱい選手を獲ったりしているでしょ？　そういうのじゃなく、底辺ですよ。選手を見つけてこないといけない。スカウトの眼力ですね。全部が当たる選手ばかりじゃない。

球団代表とか本部長のクラスで『お金がかかります。だから、オーナーが了承するはずがない』とか、そういう言い方をする人が多いわけですよ。でも、３軍だと、例えば年俸３００万円で20人なら、６０００万円の経費でしょ？　それを『もったいない』とかいう人は、もう、球団を譲れ、ってことですよ。真剣に話したら、格好悪くて『カネがないからウチではできない』なんて、オーナーは言わないですよ。実務をやっている現場の長レベルだと、言い訳しているだけ。サラリーマンは、そっちを考える。面倒くさいから『できません』ですよ。効率を求める世界じゃない。だから王さんには、もうひと踏ん張りしてほしいんですよ」

「３軍制」の拡大。それは、野球界の裾野を広げること。

その広い視点に立って、推し進めていく。

それができるのは、王のような、誰もが認める「存在感」がある人しかいない。

根本は、そのことも分かっていたに違いない。

生前の根本が手がけていたことは、今、しっかりと、王に継承されている。

根本の理想

瀬戸山は、根本から「全都道府県にプロ野球のフランチャイズがあることが理想」と、事あるごとに説かれていたという。

根本は、日本地図にその構想を描いて、瀬戸山のところに持ってきたという。

「こっちは、明日のことで精いっぱいなのに、あの人はすごかった。グランドデザインを描いていましたね。絵にしたり、字にしたりね。プロ野球を16球団に増やせば、それぞれが3軍を持てば、それで48。そういう思想の方でしたね」

2軍、3軍の「マイナー」を、全国に振り分ける。

地元で育った選手が、1軍へ上がって活躍する。その「絆」が、プロ野球への関心を高めることになる。〝おらが町の選手〟というつながりが、新たなファンを呼ぶのだ。

「いろんなところに、下部組織を造るべきだと。ホークスなら、例えば鹿児島に下部組織を置く。2軍もまた、福岡とは違うところでやる。それぞれを独立採算で運営させて、1軍の傘下に置く。根本さんはそのことを、よくおっしゃっていましたね」

そう振り返った瀬戸山が、ロッテ時代に手がけようとして頓挫したのが、独立リーグの球団を買収した上で、育成選手をそこへ20人近く派遣するというプランだ。

それができていれば、ロッテの３軍組織が、徳島に置かれていたかもしれないのだ。

ソフトバンクのＧＭ・三笠杉彦は、筑後の専用球場を活用することが「ファーム事業のモデルを構築できるチャンスだと思う」と語った。

ファームは、次世代の選手を育てるための「投資」としての意味合いがある。だから、ファームは儲からないというのが、球界の定説でもある。

球団は、この「コストセンター」から脱却し、近い将来、タマホームスタジアム筑後での興行収入を軸としたファーム運営の「独立採算制」を模索しているという。

さらに、その先を睨んだ「３軍制」の発展形も、三笠は描いている。

「ＮＰＢのファームの組織に、独立リーグや、台湾のリーグとかがもっと事業化して、野球をプロでやる、という人が増えればいい。ホークスだけじゃなく、日本やアジアでの普及を考えると、対戦する相手のリーグが脆弱じゃないですか。だから、みんなで共同運営する。

選手のパイ、全体のパイを増やす。強化の階層を増やすためには、セットじゃないといけない。どうやって野球界を発展させていくか。甲子園の高校野球とプロ野球の１軍。ここは知名度も高いし、お金を回している。その『間』ですよね。独立リーグ、社会人、大学は事業として、さほどお金が回っていない。ここの層を、大連合した方がいい」

大学、社会人、クラブチーム、独立リーグ。

こうした細分化されたチームを、同県内や近隣地域でまとめ上げ、地域単位、あるいは県単位で、球団を創設する。

それを、12球団の１軍をトップにし、その傘下に組み込んでいく。

従来の枠組みを取っ払った三笠の「大同団結案」も、根本の理想が〝根っこ〟にある。

根本陸夫は、常に何年先、何十年先を見ていたのだ。


「根本陸夫さん、感謝しています」


２０２０年（令和２年）２月。

東京五輪を前に多忙を極める王は、この１か月間で、宮崎と東京を３往復した。

そんな慌ただしいスケジュールの中にあっても、王はグラウンドに立ち、孫のような選手たちに熱い視線を送り、時には身振り手振りを交えての熱血指導も繰り広げる。

黒のグラウンドコートを羽織り、左手には「ＯＨ」のロゴが入ったノックバットを握りしめ、メーングラウンドで打撃練習を見ていたかと思うと、第２球場へも足を運び、育成選手の練習ぶりを熱心に見つめている。

「ここって、２００４年からだったかな？」

メーングラウンドでふと、王に尋ねられた。

高知から宮崎にキャンプ地を移したのは、２００３年（平成15年）の秋。だから、２月の春季キャンプは、王の記憶通り、２００４年からになる。

王は、持っていたバットで地面にぐるりと円を描くと、メーングラウンド、第２球場、多目的と、４つのグラウンドが並んでいる位置を、そのバットで指しながら話し始めた。

「先を見通すって、大変なことなんだよ。こういうのって、後付けで造ることができないもんなんだ。根本さんは、ここに、設計段階から加わっているんだからね」

巨人で５年間の監督生活を終えたのは１９８８年（昭和63年）。そこから６年間、ユニホームを着ていなかった王を、ダイエーの監督に招聘したのが根本だった。

１９９９年（平成11年）に初優勝、そして日本一。

２０００年（平成12年）に長嶋巨人との日本シリーズ。

２００４年（平成16年）に宮崎春季キャンプがスタート。

２０１１年（平成23年）に３軍制がスタート。

２０１９年（令和元年）に巨人との日本シリーズを制して日本一。

根本が目指してきた夢は、すべて叶った。

なのに、根本は、どれ一つとして、その「達成」を見ていない。

「根本さんは、表舞台という人じゃないんだな。そういう役回りの人なんだよ」

王は、根本が描いた「未来図」を、一つ、そしてまた一つ、結実させてきたのだ。

そのために、小林が、瀬戸山が、そして三笠が、尊い汗をかいてきた。

「根本さんの、人脈の端っこにいさせてもらえて、本当によかったです」

津村も間違いなく、根本の人脈につながる、貴重な一人だった。


「根本陸夫さん、感謝しています」

その銘板は、梅の木の横に埋められているという。

「根本さんは、表舞台とか、華やかなことを嫌がりますからね」

だから津村は、根本と親しかった関係者だけで数十万の資金を集め、その〝寸志〟で、根本の故郷、茨城の水戸から白梅を購入し、宮崎まで運んできたという。

「こっそり、仲間内でやろうと。市有地なんですけど、そこは市長の特権でしたね」

笑いながら、津村が明かしてくれた。

だから、梅の木の周りには、根本陸夫にまつわる記念碑も、銅像も、何もない。
2002年（平成14年）4月30日。
根本が亡くなってから、ちょうど3年。その「命日」に、梅の木は植えられた。
華やかなセレモニーは、一切なかった。
「ここが、一番いいかなと」
津村が選んだのは、メーン球場と、第2球場の間だった。
そこは、若き選手たちの「息吹」を、常に感じられる場所でもある。

宮崎の青空に、球音が響く2月。
野球の季節が、やって来た。
その日を待ちわびていたかのように、白い梅の花がほころび始める。
勝つために、そして、強いチームを作るために――。
根本陸夫から、王貞治へ。
その「魂」は、しっかりと受け継がれている。

根本陸夫の白梅は、いまも若い選手たちを見つめている

【参考文献】

『劣化するオッサン社会の処方箋』山口周著（光文社新書）

『定年消滅時代をどう生きるか』中原圭介著（講談社現代新書）

『平成時代』吉見俊哉著（岩波新書）

『社会を変えるには』小熊英二著（講談社現代新書）

『ＬＩＦＥ　ＳＨＩＦＴ　１００年時代の人生戦略』リンダ・グラットン、アンドリュー・スコット著（東洋経済新報社）

『球界再編は終わらない』日本経済新聞社編（日本経済新聞社）

『回想　〝助選手〟の実戦的人生考』王貞治著（勁文社）

『巨魁』清武英利著（ワック）

『根本陸夫伝』高橋安幸著（集英社文庫）

『プロ野球ビジネスのダイバーシティ戦略』小林至著（ＰＨＰ研究所）

『プロ野球ビジネスのしくみ』小林至＆別冊宝島編集部編著（宝島社新書）

『楽天が巨人に勝つ日』田崎健太著（学研新書）

『人間・王貞治』安枝新伍著（学研新書）

『偏差値70からの甲子園』松永多佳倫著（集英社文庫）

「ベースボールマガジン　２０１９年７月別冊薫風号」（ベースボール・マガジン社）

「ベースボールマガジン　２０２０年１月別冊新年号」（ベースボール・マガジン社）
「Ｎｕｍｂｅｒ　９８９　ホークス日本一の組織学。」（文藝春秋）
「野村克也　追悼」（ベースボール・マガジン社）
「西日本新聞」

喜瀬雅則（きせまさのり）

1967年神戸市生まれ。スポーツライター。関西学院大学経済学部卒。'90年に産経新聞社入社。'94年からサンケイスポーツ大阪本社で野球担当として近鉄、阪神、ダイエー、オリックス、中日、アマ野球の番記者を歴任。2008年から8年間、産経新聞大阪本社運動部でプロ・アマ野球を担当。産経新聞夕刊連載「独立リーグの現状　その明暗を探る」で'11年度ミズノスポーツライター賞優秀賞を受賞。'17年7月末に産経新聞社を退社。著書に、独立リーグの四国アイランドリーグplus・高知球団の経営再建とユニークな経営戦略を描いた『牛を飼う球団』（小学館）、『不登校からメジャーへ』（光文社新書）がある。

ホークス3軍《ぐん》はなぜ成功《せいこう》したのか？　才能《さいのう》を見抜《みぬ》き、開花《かいか》させる育成力《いくせいりょく》

2020年4月30日初版1刷発行
2020年12月15日　　2刷発行

著　者 ── 喜瀬雅則

発行者 ── 田邉浩司

装　幀 ── アラン・チャン

印刷所 ── 近代美術

製本所 ── 榎本製本

発行所 ── 株式会社光文社
東京都文京区音羽1-16-6(〒112-8011)
https://www.kobunsha.com/

電　話 ── 編集部03(5395)8289　書籍販売部03(5395)8116
業務部03(5395)8125

メール ── sinsyo@kobunsha.com

 ISBN 978-4-334-04470-1

1053
女性リーダーが生まれるとき
「一皮むけた経験」に学ぶキャリア形成

野村浩子

女性の思考と行動が社会を変える――。四半世紀にわたって女性リーダーの取材を続けてきた著者が国内外の女性役員にインタビュー。キャリア形成のヒントを探る。【推薦・金井壽宏】

978-4-334-04463-3

1054
自己分析論

高橋昌一郎

「私とは何か」は答えのない問いだから、日本の学生が苦しんで当然。就活で便利ツールを使った攻略法から人生における「本当の自分発見」まで。探究を続ける人のための道案内。

978-4-334-04464-0

1055
搾取される研究者たち
産学共同研究の失敗学

山田剛志

突然届いた特許の「権利放棄書」、企業からの無理難題、研究者を守らない大学、心を病む助教、院生、学生……。産学共同研究政策は、研究者のためになっているのか？

978-4-334-04465-7

1056
芸術的創造は脳のどこから産まれるか？

大黒達也

創造性とは何か？ 脳科学や計算論、人工知能に関する膨大な論文を通じて、「天からの啓示」とされる閃きのメカニズムを解析。カギは「脳の潜在記憶」にあった。

978-4-334-04466-4

1057
「自分らしく生きて死ぬ」ことがなぜ、難しいのか
行き詰まる「地域包括ケアシステム」の未来

野村晋

何が「地域包括ケア」の実現を不可能にしているのか。現役厚労官僚が柏市や岡山市での実践を基に具体的な行政手法を紹介。自治体や医療・福祉関係者、企業や市民に次の一歩を促す。

978-4-334-04467-1

1058
ぼくが見つけたいじめを克服する方法
日本の空気、体質を変える

岩田健太郎

自らもいじめられっ子だったという著者が、数々の経験の末に導き出した克服法とは。ダイヤモンド・プリンセス号の告発で注目の感染症医による、同調圧力を打ち破るための一冊。

978-4-334-04474-9

1059
ホークス3軍はなぜ成功したのか？
才能を見抜き、開花させる育成力

喜瀬雅則

千賀滉大、甲斐拓也、牧原大成、石川柊太、周東佑京、大竹耕太郎——なぜホークスだけが3軍制で大成功を収めたのか？　多くの選手・関係者への取材を元に解き明かす。

978-4-334-04470-1

1060
管理栄養士が伝える
長生き食事術
人生100年時代の「新・栄養学」入門

麻生れいみ

「食」を変えればカラダと人生が変わる——。明日の健康を手に入れる、未来の病気のリスクを減らすための「日常生活で何をどう食べるか」。シーン別の食事マネジメント術も公開。

978-4-334-04471-8

1061
深宇宙ニュートリノの発見
宇宙の巨大なエンジンからの使者

吉田滋

南極点の氷河に突き刺さった「宇宙からの使者」とは？　日本の物理学分野の最高峰・仁科記念賞を受賞した著者による、「高エネルギーニュートリノ」の発見をめぐるスリリングな物語。

978-4-334-04472-5

1062
データ・リテラシー
フェイクニュース時代を生き抜く

マーティン・ファクラー

虚偽に流され情報の蛸壺に陥らない方法をNYタイムズ元記者が指南。V字回復した同社にメディア再興の道も探る。日本の新聞は権力を離れて調査報道に注力し、紙信仰を捨てよ！

978-4-334-04473-2